G

在商业界，曾有这样一句至理名言：如果你问一位CIO，今时今日数据对其企业的意义，那么他会很愿意跟你谈谈“数据分析竞争法”的必要性，以及快速做出正确决策的重要性。这句话源于一本叫作《数据分析竞争法》（*Competing on Analytics*）的著作，随着这本著作创世的还有两个超级火热的概念：一个是“数据分析竞争法”，一个是“大数据”。

站在这两个惊世概念背后的是一位名叫托马斯·达文波特的数据分析师。这位出生于1954年10月17日的美国人，毕业于哈佛大学，曾经先后在哈佛商学院，芝加哥大学和波士顿大学任教，还曾经担任过埃森哲战略变革研究院主任，美国知名商学院巴布森学院著名教授，对知识管理有深入的研究。

如果在全球数据分析师领域进行一次排名，达文波特无疑会成为很多人心中的榜首。在商业分析领域摸爬滚打的35年里，达文波特没有一丝懈怠，多次领先创立顶尖的数据分析法，比如数据分析DELTA模型、成为数据分析师的三原则等。他知道，领先的企业不仅是在收集和存储大量的数据，而且正围绕着由数据引发的新观点制定竞争战略，这会使企业获益无穷。

如今，虽然他已经年过花甲，但仍然神采奕奕，一直在从事自己认为最性感的工作——数据分析。他是今时今日大数据时代当之无愧的数据分析之父。

BIG DATA

3次预见商业拐点的

大师级玩家

BIG

1983年，达文波特离开教职进入商业研究领域，在短短7年后，便迎来了商业事业的顶峰。他曾3次预见商业范式转型的大拐点，成为当今商业界极富洞见的未来学家。

达文波特第一次预见商业的转型是在1990年，当时他敏锐地注意到，企业要想在市场中取得胜利，就要面向顾客需求，重组业务流程。因此，他开创性地提出了流程再造（reengineering）理念，一时声名鹊起。

达文波特最早发起了知识管理运动，这是他第二次预见商业的未来。俗话说：“拥有100位博士的企业，未必拥有100位博士的知识；拥有一群智商120分以上员工的企业，企业商往往远低于120分。”他认为，没有知识管理的企业，员工进入后只会感受到不断的付出，因此，无论获得多好的待遇，都只能算是出卖“劳动力”。

真正让达文波特在全球商业管理界成为风云人物的则是他在互联网时代兴起时提出的“注意力经济”概念，这是他第三次预见商业的未来。“注意力经济”研究了CEO们所面临的最大挑战之一：如何赚得和消费新经济时代的企业货币。他成功抓住了企业从“知识时代”到“注意力时代”转型的开创性节点，并出版了同名著作，被IBM前知识管理研究院院长拉里·普鲁萨克（Larry Prusak）重磅推荐。他所在的埃森哲公司，也在当年被《财富》500强企业选中作为头号咨询公司。

达文波特一次次对商业时代潮流进行了精准的感知和把握，让无数企业管理者对世界有了理解和思考的框架，而这完全得益于他超强的数据分析能力。

DATA

与克莱顿·克里斯坦森、杰克·韦尔奇

比肩的商业思想家

达文波特凭借睿智的洞见和新锐的商业思想，为自己赢得了无数荣誉。2000年，他被《CIO》杂志评选为“新经济十大杰出人物”之一。之后，在由他发布的巴布森学院“全球著名商业思想家”排行榜中，他把自己排在了第25位。在这个榜单上，知名战略思想家加里·哈默拔得头筹，畅销书作家托马斯·弗里德曼和微软前董事长比尔·盖茨分别列第二、三位，达文波特是与克莱顿·克里斯坦森、杰克·韦尔奇比肩的商业思想家。2003年，达文波特被权威的《咨询师》杂志评选为全世界“最顶尖的25名咨询师”之一。

达文波特还是一位知名的商业图书作家，共出版了近20本管理类畅销书，被多个国家引进出版，极负盛名。

作者演讲洽谈，请联系
speech@cheerspublishing.com

更多相关资讯，请关注

湛庐文化微信订阅号

湛庐文化 Cheers Publishing a mindstyle business 与思想有关 特别制作

BIG DATA AT WORK

Dispelling the Myths, Uncovering the Opportunities

数据化转型

[美] 托马斯·达文波特◎著
Thomas H. Davenport
盛杨灿◎译

浙江人民出版社
ZHEJIANG PEOPLE'S PUBLISHING HOUSE

big
data
目 录@
work

big
data
@
work

第一部分

数据公司，数字经济时代的核心

01 big data @ work

数据，企业数据化转型新动能

无可否认，大数据很“大”，不过却有些“名不副实”。一般情况下，不能用普通“数据容器”存储的一类数据，我们便称之为“大数据”。这类数据的体量之大，世界上任何一台服务器都无法存储下来。大数据非结构化的特性让它无法被存储于以“行列”格式组织的数据库中，而且这类数据的持续性流动使得它无法被放置于数据库中。虽然大数据的“大”极其引人瞩目，但“非结构化”才是其最令人捉摸不透的本质。

关于大数据的书籍，一般以探究世界上有多少数据为开篇。作为读者的你，也许已经对大数据的体量有一定的了解，也清楚其在不同场合和不同时间段所存在的显著差距。比如，一家普通公司所拥有的数据量是美国国会图书馆存储的数据总量的 427 倍；Facebook 上的所有影像数据比柯达公司曾经处理过的像素还多；全世界一天播放的视频影像数量比电视机刚被发明的前 50 年所播放的还多。然而，虽然当前存在的大数据的体量之大和类型之多样，足以让人感到晕眩，但我刚才提到的这些情况并不真实，那都是我编造和想象的。不过，这种情况距离其真正出现的那天可能只有“一步之遥”。

在我创作这本书时，并没有选择用类似的方式作为开篇，因为我认为，反复谈论大数据的数量特点，并没有什么实质性的意义。当然，世界上确实存在着巨量的数据。一份研究报告显示，2018 年世界上出现的数据将高达 2.8ZB 或 2 800 万亿 MB。这是一个多么巨大的数字啊。这一年的数据量已经远远超过我们所知道的其他一切事物的总和，而且在未来，这个数字还会快速增长。大数据的庞大体量，或许是鸡尾酒派对上比较好的一个谈资，但对于一个需要管理和应用大数据的机构来说，不能只关注数据量，用一句略显陈词滥调的话来说：大小并不重要。

最关键的是，不要为数据的数量之大而感到眩晕，要去分析和研究大数据，将数据转化为新观点、新创意或商业价值。上文提到的研究报告中还提到一点，那 2.8ZB 或 2 800 万亿 MB 的数据中只有 5% 会被人们分析和研究。要分析这些数据就要攻克第一道难关，从大数据中找到可供分析和研究所用的结构。而实际情况是，在当前，那 2.8 泽字节或 2 800 万亿 MB 的数据并没有按照“行列”的结构进行组织。若想分析这些数据，我们得先完成一个异常艰巨的任务：先将数据进行排列，再根据其结构形式进行分析，最终从中得到我们想要的数据价值。另外，在这些数据中，只有一部分是有用的。根据该研究报告，只有大约 25% 的数据是具有潜在利用价值的。不过，不管具备潜在利用价值的数据量究竟有多大，现实情况是，我们只利用了皮毛。

与大数据同行

我们应当对大数据保持质疑，对其铺天盖地的过度宣传也应持怀疑态度。针对数据分析在商业领域中的应用情况，我曾联合100多家公司进行过相关研究，希望找到企业竞争的制胜之道，并将研究成果写进以数据分析为主题的几本书里，其中包括我与珍妮·哈里斯（Jeanne Harris）合著的《数据分析竞争法：企业赢之道》（*Competing on Analytics*）以及与哈里斯和鲍勃·莫里森（Bob Morison）三人合著的《数据化变革》（*Analytics at Work*）[①]。

我得承认，最开始，我也仅认为所谓的大数据，不过就是传统的数据分析换了一副新面孔而已，换汤不换药。在2010年的第四季度，"大数据"一词开始风靡。当时除了硅谷，关于大数据应用的成功案例其实并不多见。因此，当时我个人认为，大数据不过是由供应商、咨询师和技术分析师合力打造的新一波宣传热浪。

2011年，当我开始着手研究大数据之后，也曾一度认为，之前对大数据的那种怀疑并不正确。我曾经进行过几次有关大数据的系统化研究，包括在大数据使用过程中数据科学家和人力资源所起到的作用、大公司中的

---

① 《数据化变革》讲述了在大数据时代，人们应该怎么利用数据化思维提高工作效率，改善生活质量，制胜未来。本书中文简体字版将由湛庐文化策划，浙江人民出版社出版，敬请期待。——编者注

大数据现状、旅游业中大数据的使用情况、在大数据中发现所需数据的过程。为了这些研究，我曾经在一些与大数据关系紧密的新创公司、已在线上成立多时的电子商务公司以及一些传统行业的大公司里，与相关人员进行了上百次面谈。

总的来说，在成立已久的大公司里，通常情况下，管理者和我一样，都倾向于对大数据的海量宣传保持怀疑和不信任的态度。他们坦言，虽然公司处理大数据已有多年了（至少当数据的庞大体量是大数据定义中最重要的一方面时，是可以这样说的），却没有什么新发现。而在采访的后期，大部分人都承认，当代数据的非结构化，既为我们带来了新挑战，也为我们创造了新的商业机会。

通过这几次对大数据的系统化研究，我发现，传统的数据分析和大数据分析之间是存在差异的，这种差异并不能从阅读其他以大数据为研究主题的书中发现，因为，在这些书中，两者的差异非常模棱两可。大家可以从表 1-1 中看出两者之间的具体差异。

表 1-1　　大数据和传统数据分析

	大数据	传统数据分析
数据类型	非结构化格式	行列化格式
数据量	100TB ～ 100 PB	10 TB 或少于 10 TB
分析方法	不间断的数据流	静态数据
主要目的	基于数据的产品	内部决策支持和服务

在本章的后半部分和其他章节中，我会更加具体地解释这些差异，也会阐明传统数据分析与大数据分析之间存在的主要相似点。尽管我对将我们正在经历的这种数据现象命名为“大数据”持保留意见，但是我坚信，大数据会一直存在，而且会对许多机构产生非常重要的影响。我希望能说服读者认同这个观点，但也请保留自己的合理质疑。

如果你相信大数据对你和你的企业来说很重要，那就必须为此做点什么。你需要确定大数据的哪些方面对自己的业务最有意义，并采取行动运用它；需要雇用、借用或开始培养能够让大数据发挥效用的人才；同时也需要改变企业的技术架构。如果你开始做这些事情，这本书的目的已经达到，但前提是，书中描述的内容于你有意义，而且在任何情况下，都必定让你信服。

这本书不是要向你兜售大数据，而是帮助你做出与大数据相关的有效决策。我会告诉你大数据了不起的一面，但也会告诉你大数据的哪些方面是被过度夸大了的；我会告诉你我认为将被大数据重塑的行业和企业，同时也会指出那些至少在短时间内不太可能被改变的行业和企业。**如果你决定携手大数据同行，那我会告诉你最合理、最经济的方式。**

我尊重你的时间和管理关注点，但也希望你对为大数据项目所进行的动员持开放心态。也许这只是一个开始培养一些大数据能力的探索性项目，但我认为，大多数企业都应该朝着这个方向发展。最起码，管理团队应该就大数据如何运用到企业当中这一话题展开讨论。

我想，从“你是谁”开始本章的讨论可能更为恰当。我会解释自己对大数据持有的一些保留意见，其中涉及“大数据”这一名称以及它的风靡程度。在本章接下来的部分，我会告诉你为什么我觉得大数据很了不起。

从数据到价值

既然你会对大数据的商业意义和价值感兴趣，那么你会是谁呢？关于“你是谁”的问题，我做了一些假设，虽然有可能你只是在坐飞机时正好发现这本书放在座位上，或者你在 Kindle 上下载电子书时不小心下载了这本书，但是，以我之前的读者群来看，你应该和他们一样都是聪明且有野心的商人，并且相信数据和技术具备改变商业规则的能力。

具体来说，我发现数据密集型部门的高管对大数据最感兴趣，如来自市场营销、供应链以及越来越多财务和人力资源部门的高管。那些以大数据为支撑的部门的管理者，例如 IT 部门的管理者，也往往对更深入地了解这个概念很感兴趣。**高度关注数据的高管全部来自两类行业，一类是已经高度面向数据的行业，如互联网企业；另一类是那些有可能被大数据重塑的行业，虽然原则上每个行业都有可能被大数据重塑，但可能性最大的是那些有大量消费者数据的行业，如零售业、旅游与交通业、电信行业、媒体与娱乐行业以及金融服务业。**最后，如果你是一名想在大数据领域谋求职业的学生，或者想在大数据领域干上一两份工作，那你该庆幸自己的高瞻远瞩，因为，这个领域方兴未艾。

如果你与大多数我遇到过的管理者和专业人士一样，那你肯定对“大数据”这个词有所耳闻，并知道数据正在以惊人的速度增长。不过，你可能不是很清楚大数据究竟有何不同以及它与传统的数据管理和分析方法有何联系。更甚的是，你们中的大部分人所在的企业还并没有对大数据加以广泛利用。例如，在一份 2013 年针对《哈佛商业评论》大约 1 000 名读者所进行的调查中，虽然许多受访者表示，他们熟悉“大数据”这个概念，但只有 28% 的人说，他们的企业“目前正在使用大数据来做出更好的业务决策或创造新的业务机会”；只有 23% 的人说他们的企业拥有大数据战略；只有一小部分，也就是 6% 的人强烈认同“我的企业已经考虑到大数据对企业内的关键部门所造成的影响”；而强烈认同“我的企业知道如何将大数据运用在业务上”的人的比例更少，只有 3.5%。

这也许就是你之所以应该阅读这本书的原因，即帮助你的企业解决大数据应用相关的问题，当然也可以助力你的职业发展。

大数据，大商机

如同许多我与之讨论过大数据现象的高管一样，我喜欢“大数据”概念的一切，除了“大数据”这个名字本身。就像我已经说过的，这个概念是革命性的，并具有变革几乎所有行业的潜力，但是出于各种原因，该术语本身是存在问题的。

首先，“大”只是这种与众不同的数据形式的一个方面，而且对许多企业来说，这并不是它最重要的特征。战略咨询和管理咨询公司 NewVantage Partners 在 2012 年针对 50 多名大企业高管的调查显示，与数据量庞大这一问题相比，数据的非结构化这一问题更突出，更亟待解决。在该调查中，30% 的受访者说，“分析不同来源的数据”是他们主要关注的问题，另外 22% 的受访者主要专注于“分析新的数据类型”，还有 12% 的人主要专注于“分析数据流”。只有 28% 的人重点分析了 1 TB 或更大的数据集，其中许多人（13%）的重点分析方向是 1～100 TB 的数据集，而非大体量数据。

同时，这个术语还存在许多其他问题。“大”这个词显然是一个相对的概念，今天觉得“大”的数据量，明天也许就没那么“大”了；而对一家企业来说的“大”数据，对另一家企业来说就可能只是“小”数据。我通常把“大”理解为 1/10 PB 或更多，但是数据的“量”真正只对需要购买来存储和处理它的硬件设备的容量大小产生影响。

有些人用 3V，即高容量（volume）、高速度（velocity）、多类型（variety），来定义大数据；而有些人则添加了更多的 V，如真实性（veracity）和价值（value），下一个也许是唯利是图（venality），但是这种定义方法同样存在问题。当然，这些都是大数据的重要特征，但是，如果你只具备一个或两个 V 呢？这是否意味着你只拥有 1/3 或 1/5 的大数据？

另外一个问题是，太多的人，尤其是供应商，已经在使用大数据来指代一切应用分析的行为，更极端的是，甚至将报表和传统的商业应用也涵盖在大数据的概念之内。这是一种思维定式，即供应商和咨询顾问会在其产品上冠以任何新的、炙手可热的概念，而这种情况在大数据身上比比皆是。

不过，如果你正在阅读大数据相关的书籍、文章或广告，就要当心：如果它们提到了报表、“数据驱动决策”或传统数据分析，那你正在接触的或许是有用和有价值的想法，但肯定不是什么新点子！

由于“大数据”这个定义存在以上这些问题，我和其他专家预测，这个不合时宜的术语注定“命不久矣”。虽然它受到了媒体和创业公司的力捧，但我已经看到大企业中，尤其是在那些多年来积累了大量数据的诸如银行和运输公司等企业中的技术型人才，对这个术语表现得兴趣索然。

正如我将在第 8 章进一步说明的，他们觉得现在产生的新的数据来源和类型都只是前面很多新产物中的一种。当然，这并不意味着，这种“以前被称为大数据的现象”会自动消失。如果你想描述过去 10 年左右出现的大规模的新数据类型的范围之广，那我觉得用“大数据”这个词再合适不过了。

然而，由于这个词极为不准确，所以企业需要对它稍加解构，以完善企业战略和企业传递给利益相关者的信号。换句话说，对于这些新的数据类型，企业真正想用它来做什么，以及哪些类型的数据最为重要。如表 1-2 所示，大数据有许多类型可供选择，就像一份充满无限可能的菜单，你可以从每一列选择一项，来启动大数据项目。

表 1-2　　大数据的可能性列表

数据类型	数据来源	受影响的行业	受影响的部门
大体量	网络	金融服务业	营销
非结构化	视频	医疗行业	供应链
不间断的数据流	传感器	制造业	人力资源
多格式	基因组	旅游与交通业	财务

换言之，与其说“我们正在着手进行大数据项目”，不如说“我们将对自动取款机和分支机构收集的视频数据进行分析，以便更好地了解客户关系”。或者，如果你是卫生保健领域的从业者，可以通过将电子医疗记录和基因组数据结合起来，为患者创造个性化的治疗方案。除了明确表达自己的意图和策略，这种方法避免了无休止地讨论数据体量的大小问题。

事实上，很少有企业承认自己利用的是“小数据”，尽管这种行为是非常值得尊敬的。就我个人所受的教育来说，一个术语要想真正有用，那它的对立面也必须成立。

当然，出于利益的考虑，你可以选择用一个炙手可热的词。如果你的企业只会对新的、万众瞩目的管理目标做出反应，而当你读到这本书时，大数据还是比较新的和万众瞩目的概念的话，那就竭尽全力启动一个大数据项目或 BDP（可视化数据分析工具）吧。

换句话说，如果称它为大数据能够调动员工的积极性，那就这样叫吧。然而，等下一个关于这些现象的炙手可热的术语出现时，请务必转换到新的术语上。IBM 已经建立了一个“海量数据”（Massiue Data）研究中心，因此用“巨大的”（Gargantuan）或“硕大无比的”（Humongous）来形容数据也指日可待了。

在《数据化转型》这本书中，我还是会采用“大数据”这个词，因为目前还没有其他词语可以完全包涵这些受质疑的特征，但是我深信，从这个定义模糊的来源处获得的真正价值需要进一步深入探究。

万物互联，大数据下半场已经开启

也许，我们可以说大数据有一个不合时宜的名字，但是它到底是会经久不衰还是会昙花一现？它是信息管理世界的呼拉圈或宠物石[①]吗？倘若真是如此，企业管理者可以放心地忽略它。但是，如果大数据是企业所处环境的一个重要且长期的特征，那企业和管理者如果忽视它，就会让自己陷入困境。

当然，大数据概念肯定存在风行元素，尤其是因为它背后更广泛的概念并不是特别新颖。分析数据以了解我们的企业正在经历什么，这种理念已经伴随我们一段时间了，至少自 1954 年开始，当 UPS 启动一个分析组时，企业内部就有了这种理念。因此，为什么我们一直坚持要给它起一个新名字呢？数据挖掘一般被称为决策支持、执行支持、在线分析处理、商务智能、

① 20 世纪 70 年代，一名广告公司行政人员推出的以一块光滑的石头作为宠物的商品，当时这种宠物石一经推出，销量空前。——译者注

数据分析，一直到现在的大数据（见表 1-3）。当然，每一代术语都加入了一些新元素，但我不确定事情发展得已经快到这个名字需要更新六代。

表 1-3　使用和分析数据相关的术语

术语	时间范围	具体意义
决策支持	1970—1985	使用数据分析支持决策制定
执行支持	1980—1990	重视数据分析对高管决策制定的支持作用
在线分析处理	1990—2000	分析多维数据表的软件
数据分析	2005—2010	决策制定时重视统计学和数学分析
大数据	2010 年—至今	关注大量的、非结构化的和快速流动的数据

那么，是什么让大数据值得拥有一个新名字？那就是不断增加的数据量和日益增加的数据形式。据估计，全球每天会产生 2 500 000 000 000 000 000 字节的数据。就像我所说的，越是非结构化的数据类型，就越值得一个新名字和新形式。

某些数据类型，如文本和声音，伴随我们已经有很长一段时间了，但是在大数据时代，互联网上以及以其他数字形式存在的这些数据量，已经预示着一个新时代的开启。同样，能够对这些数据进行分析的新技术也是如此。社交媒体数据才是真正的新数据，如来自 Facebook、Pinterest 以及 Twitter 页面上的数据。我并不清楚所有这些数据类型是否会长久，不过正常情况下，这些工具所发挥的功能应该会得到更广泛的应用，而由此所产生的数据，以及数据所揭示的关于其创造者的见解不会消失。

然而，通常来说，传感器数据不会消失，毕竟现在互联网设备的数量已经超过了2011年时的全球人口总量。据分析师估计，到2025年，将有500亿传感器连接到互联网（物联网）上，而且其中每一个传感器都可以产生一大批数据。现在，我们已经走到了一个万物互联的时代，传感器可以与电子设备结合，颠覆传统的产品。比如智能冰箱，一旦有传感器的接入，它就可以在牛奶快没有时，自动订购牛奶——这还只是其中一个功能。不过，我们的电视、安保系统和恒温器正日益网络化。所有这些类似的设备都会产生数据，而我们可以通过管理这些数据，来优化这些设备的使用和提供的服务。

同时，我们现在也开始将传感器安装在生物身上，如牛和人身上。例如，罗杰·帕克斯（Roger Parks），农业和畜牧业公司辛普劳（J.R. Simplot Company）的首席信息官喜欢描述一种被他称为“数字牛”的牛。该公司正在尝试往牛肚子里嵌入传感器（牛有四个胃隔室，但由于某些原因，最佳安装位置应该是第二个胃），以测量牛的体温。如果奶牛生病了，传感器就会提醒兽医，这样兽医就能及时提供医治方案。其他研究人员正在测试另一种传感器，它能够检测出牛胃里存在的大肠杆菌。

big data
智能商业的未来@
work

人类正在“传感器化”

人类正在越来越多地“传感器化”，通常是为了健康和健身。我们生活在一个自动化时代，或者说是一个自动捕获与分析个人健身和健康数据的时代。我所知道的最早流行的个人分析应用程序是在2006年发布的Nike+iPod组合，具体操作是，把Nike+配件组合放入Nike鞋中，通过WiFi连接到一台iPod上，这样iPod就可以捕获并显示出运动时间、距离、速度和热量消耗值。从那时起，耐克公司和苹果公司就创造了多种方式来记录人们的运动数据，为此创造的仪器包括心脏速率传感器、有氧健身器材连接线以及安装了传感器的服装等。而且，众多的Nike+用户经常上传他们的数据到笔记本电脑和Nike+网站上，据说Nike+的用户超过500万。由此，Nike+用户可以监控自己的运动轨迹，向朋友发起挑战，并获得在线课程。

像Nike+一样，许多项目都开始向运动领域渗透。例如，各个领域的运动员可以通过Garmin Connect记录自己的活动，规划新路线，并与他人分享成绩；Zed9可以跟踪用户的社会适应能力；CycleOps可以跟踪用户的自行车电源状况；Concept2可以跟踪用户的赛艇训练。

但是，越来越多的个人分析应用程序不再局限于体育方面，而扩展到了健康、财富、工作和生活满意度等各个方面。 Withings推出了连接WiFi和Twitter的体重计，而且正在挺进血压和其他健康连接设备的生产领域。很多供应商提供分析睡眠的相关产品，包括MyZeo、WakeMate、BodyMedia和Fitbit。最近，我的Fitbit告诉我，我的睡眠效率高达97%，对此，我欣喜若狂。现在，有一家位于密歇根州的初创公司 Me-trics 提供用于测量和监控个人数据分析的通用工具，几乎适用于所有的生活领域，包括健康、情绪、金融、健身、网上冲浪等。我登录到 Me-trics 网站的那一天，玛丽正在跟踪“亲密的邂逅”（现在我已经取得了你的关注），而瑞安正在跟踪用水量。毫无疑问，很快就会出现为 Me-trics 这样的网站定制的内置传感器。

如果说这些设备收集的人类活动数据不够多，那么智能手机因为与我们几乎无时无刻不在一起，所以记录了我们的位置、谈话以及越来越多的购物行为。如沃尔夫勒姆研究公司（Wolfram Research Inc.）的 CEO 斯蒂芬·沃尔夫勒姆（Stephen Wolfram）在他的作品中已经阐述过的一样，计算机差不多可以跟踪我们工作和生活的各个方面，例如，它知道自 1989 年以来一个人发出的每 100 万封电子邮件中的第三封邮件的具体时间。传感器还可以跟踪我们的宠物。也许，我们的情绪和脑电波很快也将被捕获并分析。

然而，来自传感器的大量数据可能最终都来自“工业互联网”，即工厂、交通网络、电网等众多联网设备。通用电气公司认为，从数据量和潜在利益方面来说，这种发展可能是革命性的。例如，据估计，单是产能涡轮机里的燃气涡轮叶片监察器每天就能生产 588 GB 的数据，相当于 Twitter 一天产生的数据量的 7 倍。

如果这些大数据的众多来源还不足以推动人们主动去拥抱大数据，那么软件厂商也起到了推动作用，或者说软件厂商是受到了客户的推动。虽然有时软件厂商会给旧产品穿上大数据的新衣服，有换汤不换药之嫌，但是整体来说，商业软件的性质已经发生了翻天覆地的变化。我们正在超越自动化交易，以分析自动化交易所产生的数据。当智能商业和数据分析为SAP公司带来的利润超过它的应用程序的事务性套件带来的利润时，一个重要的转变已然发生。当像惠普、易安信和甲骨文这样的公司在大数据和数据分析领域进行重大收购及发布产品时，就意味着有新生事物在悄然生长。当IBM花费了近200亿美元收购数据分析相关的企业时，这个行业的格局已经被彻底改写。微软公司的成立是为了支持个人电脑上的小数据，可是，即使是微软公司，也发布了多个与大数据相关的产品。在本书的后面几章，我将对大数据技术展开更多的讨论，主要集中在第5章。不过，我在这里举了这么多例子，其实只是希望在下面这个问题上和你达成一致：因为有这么多企业巨头的默默支持，大数据这一概念并不会过时。

除了更多的数据和更新的技术之外，要确保大数据不是昙花一现，还有什么是必不可少的呢？我会在全书一直坚持这样一种观点：**真正让大数据发挥效用的是人**。在我看来，数据科学家是决定大数据在企业内能否成功运作的关键因素，我将在第4章对此展开详细讨论。数据通常是廉价或者免费的，硬件和软件亦是如此，但是人才千金难求。在第4章，我会更详细地说明为什么这是一个如此棘手的问题，不过，在这里我要说的是，求才在以后会变得更加容易，因为许多大学正在提供与智能商业或数据分析相关的学位课程，或增加了相关课程的课时数，而且有很大一部分学校正在将大数据课题和大数据技能培训添加到课程中。而且，如今的很多大数据和数据科学程序都是在学校里开发出来的。因此，大学为社会输送数以万计具备大数据相关技能的优秀大学生的日子指日可待。这样一来，在企业内部推行大数据项目将变得更容易，并能有效防止因缺乏人才而中断大数据项目进行的情况。

所有这些因素都表明，大数据以及与之相关的概念和技术并不仅是风行一时，而是会伴随我们好几十年。因此，如果企业和组织不重视大数据相关的观点，那么如何节约成本、销售更多产品和服务以及如何取悦客户这些问题都无从谈起。

用数据驱动决策

我将在第 5 章介绍大数据技术新在哪里。通常情况下，技术问题虽然是一种挑战，但更为棘手的问题其实是管理和人才，其中一些问题是非常新的，所以还完全没有答案，而另外一些问题已经有了解决的希望。

其中一个问题我已经提到过：找到正确的人来从事大数据工作。人才是大数据工作的关键，这一点无论如何强调都不为过。虽然数据分析活动需要人才并不是全新的观点，但是做大数据项目所需要的人即数据科学家，与传统的数据分析师肯定是不一样的。数据科学家更熟悉数据，更擅长实验且更以产品为中心。关于数据科学家，我将在第 4 章展开更详细的描述。

由于大数据所采用的数据、技术和人都与传统数据分析所采用的有所差异，因此需要一些新的组织结构以适应大数据。你不能简单地假设，大数据只存在于专门做 IT 的行业。在大型企业里，市场营销部门、财务部门、产品开发部门、战略部门以及 IT 部门都会有大数据团队。我将在第 3 章详细论述在不同环境下，大数据团队最佳的设置方式。

传统的信息管理和数据分析主要用于支撑内部决策，而大数据在这方面有所不同。当然，在多数情况下，大数据也会有此用途，特别是在大企业内。不过，**数据科学家通常致力于面向客户的产品和服务，而不是创建为高管制定内部决策提供建议的报表或报告。**这在大数据创业公司中尤其如此，不过，在更大型且更成熟的公司里也是如此。例如，领英（LinkedIn）联合创始人兼董事长里德·霍夫曼（Reid Hoffman）将他的数据科学家团队打造成了一条产品生产线，他们开发出了许多产品，如你可能认识的人（People You May Know）、你可能喜欢的群组（Groups You May Like）、你可能感兴趣的职位（Jobs You May Be Interested in）、谁看过我的简历（Who's Viewed My Profile）等。通用电气公司主要致力于用大数据改善服务，并已经利用数据科学家来优化工业产品的服务合同和维护周期。作为顶尖的数据公司，谷歌利用数据科学家来完善其核心的搜索算法和广告服务算法。星佳（Zynga）利用数据科学家为客户设计游戏和与游戏相关的产品。奈飞公司（Netflix）设立了著名的奈飞奖（Netflix Prize），用以嘉奖能够优化电影推荐系统的数据科学家团队。考试公司开普兰教育集团（Kaplan）凭借数据科学家的支持，开始为客户提供有效的学习策略和与备考策略相关的建议。这些公司的大数据工作都直接聚焦于产品、服务和客户。当然，这对于企业焦聚大数据以及新产品开发的过程和速度具有重要意义。

对于涉及内部决策的大数据运用，新的管理方法仍然是必要的，但这还没有在实践中完全解决，原因主要在于大数据一直在发展变化。传统的数据分析运用于决策支持的过程是，分析师拿到数据池，将它放在一边进行分析，然后得出模型，并根据结果为决策制定者提供建议。然而，在大数据时代，分析师拿到的与其说是数据池，还不如说是持续快速流动的数据流。因此，现在需要无间断地取样、分析和根据数据采取行动的方法。

这样的方法对持续监测数据的应用程序来说尤为重要。以社交媒体情感分析为例，情感分析使企业能够评估博客、微博和 Facebook 上对其品牌、产品的评价是积极的还是消极的。不过，具备这种监测功能的应用程序有一个潜在的问题，管理者可能会查看源源不断的数据分析和报告，却未做出任何决策或采取任何行动。“好评增多了”“不，下跌了”“万岁，又开始反弹了”。因此，对于持续性的监测工作，应该有用于确定何时必须做出具体决策和采取具体行动的流程，例如，当数值超出一定限度时，是不是就该做出决策并采取行动了。数据所提供的信息有助于确定决策的利益相关者、决策流程以及需要做出的决策的标准和时限。

即使是联合国这个流程不是特别灵活的组织，也正在加入用这种新方法制定决策的行列当中。

联合国“全球脉动”（Global Pulse）计划创新实验室已经开发了一款关于大数据的工具，名叫 HunchWorks，这显然是以监控为主的大数据应用程序。据该实验室介绍，HunchWorks 是“世界上第一个用于形成假设，然后收集证据，再制定集体决策的社交网站”。其总的思路是，当某项数据开始呈现出一种趋势时，比如，气象数据显示干旱可能导致非洲的某个地方发生饥荒，相关分析师就会发布预测并公开做出这种预测的数据依据，然后其他分析师可以根据新的分析和数据对这一预测进行权衡。这种暗示性的假设已被描述为“数字烟雾信号”，其目标之一是确定一项预测是否值得具体分析和采取行动。不过，这一想法的提出，即联合国将拥有一个循环数据驱动预测系统，标志着其组织文化发生了重大变化。

无论数据分析和决策过程是社会化的还是个人化的，大数据时代中持续的数据流都意味着组织必须思考利用这种资源制定决策。如果在数据收集和分析上的投入是值得的，那么，对数据分析结果将如何影响决策和行动的思考亦会如此。

数字经济，未来商业新范式

大数据不仅改变了技术和管理流程，也改变了组织的基本发展方向和文化。大数据这种新资源的出现，使我们不得不应用颠覆性的商业新思维。

组织必须要做的一个改变就是，要朝着能用数据获得更多发现和进行更多实验的方向发展。迄今为止，企业和技术组织的一个重点是稳定地实现流程自动化，如市场营销、销售和服务流程的自动化。数据分析已被用来了解和调整流程，确保管理者掌握详情，并提醒他们注意异常情况。了解“异常报告”成为智能商业的一个重要方面。业务和技术架构往往反映这一流程，即从交易、操作和推进，到数据分析和得出见解，起码人们希望如此。公司审查业绩，规划完善措施，并通过长达数月甚至数年的技术项目将之付诸实践。

大数据彻底颠覆了这种方式。其基本特征是，世界以及描述它的数据，都处于不断的变化和流动中。而那些能够意识到这一变化并迅速做出明智反应的组织就占了上风。**发现能力和敏捷性才是弥足珍贵的业务和 IT 能力，而非稳定性**。利用大数据工具和技术的数据科学家将能够以前所未有的规模和速度，源源不断地挖掘出新的数源，以发现新的模式、事件和机遇。

这种新的方向对于小型初创企业来说相对简单，在我第 7 章所研究和描述的企业当中，这种新方向往往很普遍，但是对于大型组织来说，它需要在 IT 态度和行为上做出巨大改变。通常的情况是，数据分析师把 75%～80% 的时间都花在了寻源、清理和准备用来分析的数据上，企业和政府机构也是如此。凯里·施瓦茨（Carey Schwartz）是五角大楼“数据到决策”（Data to Decision）计划的带头人，他相信，在数据分析师的分析能力没有显著提升的情况下，从下一代传感器和复杂集成系统处获取的数据量将远远超出他们的分析能力。

五角大楼和施瓦茨的担心并不多余。像许多私营企业一样，军方收集数据的速度也超出了它的分析能力。例如，美国军方青睐的无人驾驶飞机，不仅能向恐怖分子发射导弹，还能捕捉它们飞掠时的视频数据。对于军方来说，这些视频数据十分有用，但他们首先必须分析它。显然，没有足够的数据分析师来处理所有的视频数据。2012 年，美国空军部长迈克尔·唐利（Michael Donley）感叹道："要等空军数据分析师分析完无人机拍摄到的所有视频数据，需要数年。"显然，空军正在想办法在数据分析中减少人的参与。

在五角大楼，施瓦茨正在寻求数据技术的帮助，这能够让数据分析师的工作效率提高百倍，不管是分析视频数据还是其他数据。他很看重"被数据重塑"，并将之描述为可靠的、强大的和能够自动化的分析。分析、算法和用户界面都必须实现互联，提供一种新方法，以支持人为的介入并与之互动。也许这种情况也推动了自动化的进程，即在智能系统里至少设有一个人为介入点，其作用相当于美国中央情报局及国家安全局前局长迈克尔·海登（Michael Hayden）口中的"美利坚合众国历史上代价最大的泄密者"爱德华·斯诺登（Edward Snowden）。

大数据的新结构关乎发现和分析，这是企业的头等大事。数据科学家以及普通的商业数据分析师需要持续地访问一个分析平台或沙箱[①]，以助于随时洞察企业内部和外部的数据。该平台需要方便集成新数据、即时查询和可视化，以加速人类的认识。随着从这个平台涌现出来更多的宝贵见解，生产系统和流程就需要做出改变。

---

① 一个术语，指捕捉大数据以发现为导向的任务。

企业还需要为洞察力和基于数据的产品开发采取新方法。传统的高度结构化的瀑布模型（Waterfall Model），只有在经过一个漫长的过程之后才会产生结果。因此,已经有越来越多的此类传统方法被迫退出系统开发流程，代之以更快、更灵活且更敏捷的流程。敏捷方法在提前指定一个系统上花较少的时间，重点更多地放在快速创建小成果上，这种方法也可以应用于数据分析和大数据。为新型分析系统或流程所做的不精确的、缓慢的需求已被反复实验、洞察力和验证所替代。

当然，并不是所有的 IT 都关乎发现。通常情况下，见解只有被应用于生产过程和系统中时，才能发挥最大价值。一旦从数据中提取出一个见解，就需要做出判别，是与业务无关的见解，还是很有意思但没有用的见解，抑或是能支持采取行动的见解。同样地，如果大数据分析催生了新产品或新功能，就需要考虑是采纳还是放弃，或者晚些时候再采纳。

前面提到的联合国 HunchWorks 的例子也表明，大数据带来的另一个影响是，现有的管理方法需要改变。HunchWorks 也被描述为“一种机制，它能使联合国内外知识仓之间的分界更透明”。大数据的一个重要方面是，它常常处于组织的外部。无论你是处理互联网数据、人类基因组数据、社交媒体数据，还是物联网或其他数据，十有八九的数据不是来自公司的内部交易系统。例外情况最有可能出现在电信和金融行业，因为这些行业拥有大量内部生成的数据可供分析，我将在第 2 章对此进行分析。然而，即使在这些领域中，内部数据通常也得通过外部数据进行补充。

这标志着公司的发展方向发生了重大变化。1998 年，彼得·德鲁克发表评论说：

> 大多数信息系统都专注于内部会计数据，这加剧了一直以来管理的退化趋势，尤其是在大企业中，其关注点向内不向外，专注于内部的成本和成就，而非外部机遇、变化和威胁……高层管理者获得的内部信息越多，就越需要更多的外部信息来与之达成平衡，但是这种外部信息暂时还不存在。

如今，因为大数据，企业开始关注外部信息。大数据初创公司 Recorded Future CEO 克里斯托弗·阿尔伯格（Christopher Ahlberg）说："在我看来，我们榨干了内部信息。是时候关注整个外部信息世界了。"我认为，虽然内部资源中还可以提取出一些信息，但相比于组织内部，组织之外肯定有更多信息等着我们去挖掘。

要让外部数据嵌入组织的决策、产品和服务当中，许多管理者将不得不改变他们的思维方式和习惯：他们必须定期查看外部数据源，以了解哪些数据可用，以及它们可能为组织提供什么样的支持；他们必须把目光转投外部，看向供应商和供应商的供应商，看向客户和客户的客户，看向商业和政治风险。而且，正如我刚才所说，他们还必须制定系统化的标准，在出现重要的外部信息时，帮助自己做出决策和采取行动。

更好的产品

当然，大数据若想大举挺进企业内部，就必须为之带来一些新机遇。谈论 Facebook 或 Twitter 上有多少数据或者人类的一个基因组包含多少千兆字节数据，并不能帮助管理者确定他们能从大数据的利用中获得多少价值。

管理者可能获得的价值体现在这三方面：成本降低、决策优化以及产品和服务的完善。我将在本书的后续章节中，讨论数据技术带来的降低成本的机会，一言以蔽之，这种成本降低相当可观。在决策方面，大数据的主要价值来源于通过添加新的数据源来解释和预测模型。许多大数据爱好者认为，给一个模型添加新的数据源，比优化模型本身更具价值。例如，供职于数据机构沃尔玛实验室（@WalmartLabs）并任教于斯坦福大学的阿南德·拉贾拉姆（Anand Rajaram），根据奈飞奖的要求在他斯坦福大学的一个班上做了一些实验。奈飞奖欢迎所有人来参加比赛，参赛者帮助改善奈飞公司客户视频偏好算法，一旦获胜，可以获得 100 万美元的奖金。拉贾拉姆班上的一组学生在奈飞公司所提供的数据基础之上运用了一种非常复杂的算法；另一组学生补充了来自互联网电影数据库（Internet Movie Database）中的电影类型的数据，虽然这违反了比赛的规则，但是这一组学生的预测更为成功。拉贾拉姆也将谷歌早期搜索引擎的成功主要归功于它使用了其他超链接数据。正如谷歌的研发负责人彼得·诺维格（Peter Norvig）所言："我们没有更好的算法，只有更多的数据。"

在现实组织中也一样，通过添加大数据可以完善各种类型的决策。如果你用客户从你这里购买服务的数据来预测客户流失率，那你可以通过添加这些客户的交易历史数据，完善预测结果。如果你有一个模型，它能根据个体客户的购买历史记录和人口统计数据预测客户可能会购买的“下一个最优产品”，那你可以通过分析这些客户在社交网站上的一些评论和点赞，优化这一预测。可能你利用的有些额外数据量将是很“大”的，因为它的大体量或非结构化，但有些会是小的或结构化的。关键是要寻找广泛的、新的数据，以帮助你制定决策。

大数据带来的另一个重大新机遇是创造吸引客户的产品和服务。我之前提到，这些好处在讨论常规的智能商业和数据分析的时候，并不常见。总体来说，大数据的发展还处于早期，尤其是对以大数据为基础的产品和服务来说，更是如此。不过，大数据已经为我们带来了许多理想的产品和服务。我将在第 2 章对此展开进一步讨论，但在此处援引几个例子可能会让你对大数据的潜在好处有一个概念。

在领英，有一个证明了大数据带来了实验价值的特定产品是“你可能认识的人”。使用过它的读者都知道，“你可能认识的人”向领英的用户推荐他们可能想与之建立联系的其他用户。“你可能认识的人”使用多种方法来识别可能建立的新联系，包括共同的学校、工作场所、人脉圈和地理区域。很多人，包括我在内，都觉得它有点不可思议，居然能够识别年代久远的关系。

更重要的是，“你可能认识的人”为领英带来了许多新用户。与领英发送的希望用户继续使用网站的其他提示信息相比，“你可能认识的人”信息实现了高出 30% 的点击率。如果不是因为“你可能认识的人”这一功能，数以百万计的人不会再次访问领英；也就是因为这一功能，领英的成长轨迹才会呈现显著上升的趋势。另外一个可以力证“你可能认识的人”功能价值的现象就是，许多其他的社交网站，包括 Facebook、Twitter 和 Google+ 等，都添加了类似的功能，但我认为最有效的仍然是领英的这一功能。

再举一个例子，在线旅游系统公司艾玛迪斯（Amadeus）开发了一款名为“精选结果”（Featured Results）的大数据服务产品。面临着日益严峻的商业挑战，即“先看后订”的比例或者机票预订在线查询数量的急速上升，艾玛迪斯公司需要为旅游分销商找到给客户提供所需产品的一些方式。根据用户查询的数据库、“数亿”当前的机票价格以及 5 亿美元的预订记录，“精选结果”为客户提供 4 条其可能特别感兴趣的线路。艾玛迪斯公司的合作伙伴 Vayama① 进行的测试的初步结果表明，Vayama 的搜索销售比例提高了 16%。

许多高管可能会承认大数据可以为线上业务带来巨大的价值，但还不太确定其对线下业务的贡献。通用电气公司作为世界上最大、最成功的公司之一以及大数据最坚定的拥护者之一，在工业领域，其行动和方案也可

① 一家专门从事国际旅游预订的网站。——编者注

能会让这些高管信服：数据资源与线下业务息息相关。

通用电气公司已在旧金山湾区设立了一个软件和大数据的问题解决中心，并雇用了大量的数据科学家。他们将致力于通用电气公司传统的数据密集型业务，如金融服务和医疗保健。但在这里我想讨论的是，通用电气公司在工业应用中，如在公司的机车、喷气发动机和燃气涡轮机业务的应用中发现的大数据的潜在价值。有时，通用电气公司将工业领域的这些设备称为“旋转的事物”，并且预计，就算不是全部，大多数设备也很快能捕获和传达有关其旋转的数据。

其中一个这样的旋转设备就是燃气涡轮机，客户将其用于发电。通用电气公司利用一个集中的设施，对 1 500 多个涡轮机进行监视，使用大数据来提高设备性能的大部分基础设施（即数据）已经到位。该公司估计，它至少可以通过软件及网络优化，为受监测的涡轮机提高 1% 的效率，并实现更好的服务调度和提升天然气 / 电力系统的协调统一。这可能听起来不多，但在未来 15 年，它会节省差不多价值 660 亿美元的燃料。

如今，在为工业产品提供的维修服务上，通用电气公司花费了很多钱。因此，如果它掌握了关于这些产品的性能情况和可能出现故障的时间的独家数据，就可以为客户保证更有效的运营，并优化服务运营的成本和效益。试想一下，当你要为工厂挑选一家涡轮发电厂时，会面临两种选择，一家具备大数据输出、连续的性能监视功能，并仅在需要时优化服务，另一家就是普通的涡轮发电厂，不具备这些功能，你会选哪一个？你愿意为哪一个多掏一点钱?

同时，通用电气公司也认为，以大数据为基础的服务运营优化对它许多其他大件的工业产品来说，也是好处多多，包括机车、喷气式发动机以及医疗成像设备。当然，这些行业的其他公司也可以采取相同的方式，它们早晚有一天也会这样做。不过，鉴于通用电气公司的规模、雄心勃勃的投资计划和其在大数据领域的较早布局，可能会获得更大的竞争优势。

我们所不知道的，而且短期内也不会知道的事情

我们目前还不清楚，像通用电气公司一样的巨头公司，是不是大数据的主要受益者，其他公司又会对此做何回应。我们也不知道当通用电气公司和其竞争对手有了大数据驱动的工业产品和服务时，这个行业和其竞争态势会如何发展。大数据还有诸多不确定因素，这种不确定性会持续一段时间。不过在当下，这些问题值得好好考虑，因为你想对此做出的回应是有计划的，而非偶然的。

虽然我们不知道大数据将如何影响组织结构，但是我们有理由相信，对于那些集中自己的能力来捕获和分析数据的组织来说，掌握了运营、员工、客户和商业风险方面的大数据将大受裨益。我们已经在小数据分析上见证过了这种情况，很多组织已经开始建立集中协调的数据分析战略和团队。如果大数据分散在组织内部的独立数据库里，要将所有数据整合在一

起来挖掘商机并依此采取行动将会非常困难。然而，由于大数据是新生事物，伴随它会出现怎样的组织变革，我们确实不得而知。来自一些大公司的早期结果表明，大数据将与现有的数据和数据分析团队结合，但这可能会在未来几年内改变。我将在第 8 章对这一话题展开讨论。

我们也不知道，大数据会如何影响客户关系，但其能够实现的总体方向是：更了解客户的行为以及他们喜欢什么和不喜欢什么，并基于此更有针对性地投放广告、产品和服务。不过，已经有证据表明，客户不喜欢更多的定向投放行为，并且他们对于这些公司拿他们的数据到底做了什么深表质疑，例如，68% 的美国网民对根据他们的搜索记录和网站浏览记录投放的定向广告表示很反感。尽管存在这些理论上的反对意见，美国人似乎常常愿意放弃大量的个人信息，以换取社会互动（例如在 Facebook 上）或者商品折扣。然而，在某一时刻，对于基于大数据的定向投放行为的监管问题或者客户行为方面的问题，美国可能会进行强烈的抵制。目前，欧盟已经大大加强了对定向投放行为的监管力度，限制公司利用客户数据做广告推销。不过，就我所知，美国目前还没有将这种监管措施提上日程。但组织必须在这方面仔细监测客户情绪，注意定向广告是否会超过客户的忍受极限，以免客户一看到定向广告就“毛骨悚然”。

我们也不知道大数据将如何改变管理方式。但是，大数据让我们有机会实现更大程度的由数据驱动的决策，企业和组织将对自身所处的商业环境越来越了解，它们将能够利用自动化的、用于支持人类决策的数据分析来制定决策和采取行动。我们目前还不清楚，管理者会以什么样的进度采纳这些新方法，但历史会表明，以上这种情况不太可能完全实现。即便小数据分析已经存在几十年了，但许多管理者仍然会依靠直觉制定决策，而且，权力和政治影响也不可能很快在组织内消失。虽然我的朋友埃里克·布林约尔弗森（Erik Brynjolfsson）和安德鲁·麦卡菲（Andrew McAfee）经常强调并书写“Hippo”的重要性的降低，但是薪酬最高的那个人，即职位最高的那个人的意见的影响，在我所拜访的组织当中依然存在。如果这种影响消失得快一些，肯定会是件皆大欢喜的事。如果指望权力和政治影响在决策制定过程中消失，至少在短期内，你很可能要大失所望。

未来会出现更多由数据驱动的管理行为，这也许没错，但在管理过程中采纳大数据的具体轨迹会如何，答案尚不明确，更何况不同组织间的采纳轨迹又会大有不同。

真正重要的不是你有多少数据，而是你用数据做什么

我们以此作为本章的结束语：虽然我们知道大数据即将带来巨大的机遇和影响，但不知道企业和行业具体会受到什么样的影响。在我们正式进入下面的章节之前，先预览一下各章的主要内容，这样你就可以有选择性地进行阅读，对于一些你不感兴趣的内容，可以选择跳过。

在第 2 章中，我将介绍在一些关键行业和部门里，人们和企业正在用大数据做什么，以及在不久的将来他们会在各种各样的场景下使用大数据做什么。这也许会让你对这种新资源的变革本质有一个更清晰的认识。

第 3 章提出了大数据战略的概念，组织如何决定它想用大数据实现什么样的业务目标？相对于生产应用，组织是否应该追求数据发现？如何迅速抓住大数据带来的机遇？

第 4 章探讨了制约大数据成功应用的人为因素、数据科学家该具备的技能以及大数据将如何改变管理行为的新课题。

如果你常听他人提起“Hadoop[①]”和“MapReduce”等很难理解的行业术语，那你可以直接翻到第 5 章，这一章是专门针对管理者的大数据技术指南。它不仅论述了管理大数据的基础技术，也包括一些在大数据环境下行之有效的数据分析方法，如机器学习和可视化分析。

第 6 章从一个更宽广的视角来谈论组织要想在大数据上取得成功，除了专业人才和新技术以外，还需要什么。如果你读过我与他人合著的《数据化变革》，那你对 DELTA 模型肯定不会陌生，在这章中我将之运用在了大数据身上。

最后两章讨论大数据对不同规模和年限的组织来说意味着什么。第 7 章重点探讨了我们可以从初创公司和网络公司身上学到什么。

第 8 章的讨论的重点是，大型的成熟企业正在用大数据做什么。在这章中，我提出了“数据分析 3.0”的概念，它描述了企业如何将小数据和传

① Hadoop 是大数据在多个服务器之间的一个统一的存储器和处理环境，这点在第 5 章有更为详细的讲解。

统数据分析的精华与大数据方法相结合。

在你阅读完全书之后，你会对如何让大数据为己所用或为组织所用有一个全面的了解。在每章的最后，我将列出一些以行动为导向的问题，为了利用大数据这种强大的资源，你和你的管理团队应该将这些问题提出来，并找到答案。全书并没有多少对这种海量数据夸大其词的说法，只是呈现出了一种如何使用大数据的视角。请记住，就像我在本章开篇所说的一样，真正重要的不是你有多少数据，而是你用数据做什么。

大数据驱动下的企业裂变

- 你的管理团队是否考虑过在现在和未来几年，可能会影响到你的组织和所处行业的一些新的数据类型？
- 你是否就大数据这个词展开过讨论？它是否能够很好地描述你的组织正在用数据和数据分析所做的事情？
- 你是否开始改变决策流程，使其朝着由数据所驱动的更持续的方向转变？
- 你的组织是否采取了更快且更灵活的方法来分析重要的数据，并根据分析结果采取行动？
- 你是否开始更关注你的组织和所处市场环境之外的信息？
- 你是否已大举投资大数据？

02

big data @ work

智能出行、智能节能、新零售、智能家教，重塑商业的四大场景

大数据是一种用途非常广泛的商业资源，它会给企业或行业带来什么样的影响，你根本无法全然想象。因此，本章首先会描绘几种未来场景，解读大数据将如何对企业或行业产生变革性的影响。正如这些场景中所展示的那样，大数据也可能会改变许多人的工作性质。尽管当下我们已经具备了实现这些场景所需的技术条件，但我估计，企业真正实现这些场景还是需要一些年头。人们面临的挑战更多地集中在企业变革上，以及诸如制定数据标准和收集必要数据等相关的系统整合的实质上，而非纯技术问题上。

如果你喜欢构想未来，就有可能喜欢这些场景；如果你只愿意活在当下，请快速地略过构想未来的部分，直接跳到本书评估大数据在关键行业和企业部门中的作用的部分。本章的目的是让读者相信：**大数据将会引发大事件，你应该尽快思考应对之策。**

一般来说，我确信大数据将重塑许多不同的企业和行业，例如，下列几种行业可能会发生实质性的变革：

- 所有运输行业；
- 所有销售行业；
- 所有使用机械的行业；
- 所有销售或使用内容的行业；
- 所有提供服务的行业；
- 所有拥有实体设备的行业；
- 所有与金钱密切相关的行业。

本书并未对此做系统性的分类，但是我认为，以上列表包含了所有行业。本章接下来将提供更为细致的场景描述和行业及部门分析，以支撑这一笼统的论点。

大数据创新，企业转型之源

本节将介绍 4 种场景，以此来说明不同的行业将如何使用大数据，而许多使之成为可能的大数据创新其实已经存在。

智能出行，让出行更简单

琳达·彼得斯（Lynda Peters）是保险公司 Tranquilife 的一名 IT 设计师，她将参加一次业务会议，会议主题是：真正的大数据和它对保险业的影响。

这是一个热门话题，她差点没能获准参加，因为 Tranquilife 的员工活动系统显示，已经有另外 6 名员工报名参加了。不过，幸运的是，她成功说服上司，让他明白参加这次会议对她有多重要。

琳达报名参加这次会议之后，一切后勤安排，如城市、酒店、开始和结束时间等都会被自动下载到她的行程表中，之后又自动传送给 Tranquilife 选定的出行管理系统。出行管理系统连接到会议议程和会议细节，并帮她完成相关准备工作。琳达不用自己出力，就获得了包含以下内容的行程计划：

- 她首选的航空公司的航班预订，而且还进行了升舱，预订的也是她首选的靠过道的座位。
- 酒店预订。
- 无人驾驶汽车预订。因为机场与酒店相距约 64 公里，出行管理系统按照现行价格比较了乘坐出租车、豪华轿车和租车的成本。
- 会议期间晚餐的预订，这顿晚餐需要在会议所在城市自行解决，出行管理系统为琳达预订了她最喜欢的顶级意大利餐厅，并推荐了三个晚餐同伴以及三个备选，这些同伴都是琳达社交圈中举足轻重的人物，同样也会参与此次会议，琳达只需单击电脑屏幕就可以向他们发出邀请。

琳达预订的无人驾驶汽车会将她送达酒店，而且出行管理系统已经将她的目的地、首选空调温度和最喜爱的流行音乐站下载到了车里。琳达对无人驾驶汽车唯一的不满是，法规要求她必须坐在驾驶位上，这妨碍了她使用平板电脑；她还痛恨那些不允许自己在无人车上看电影和电视的法规。

她期待这些限制被放宽的那一天。

在去参加会议的路上，琳达在平板电脑上看到主办方为她推荐了一些很好的会议，这些推荐主要是根据她的学习诉求和资料库里之前参加过的会议。另外，她还看到她邀请的晚餐同伴中有一人无法到场，所以出行管理系统现在提议她邀请第一个备选者。

琳达很享受这次会议，她发现此次会议的数据经由其智能手机位置认证程序的确认，在她还没离开之前就已经被添加到了她的网络资料库和Tranquilife 的 HR 数据库中。这几次会议甚至还让她涨了一点薪水。回到岗位之后，她收到了出行管理系统发来的一封邮件，提示她所有的差旅费甚至包括酒店小费，已经上报公司进行报销。对大数据感兴趣的同事在个人主页上分享了琳达标出的与公司相关的所有会议报告的自动转录文本、演示文档以及琳达做的注解。她在注解中指出，通过了解即将发生的变化，你会发现，大数据出现之后，保险业将变得大为不同，出差之旅也一样。

致怀疑者：

尽管目前许多智能出行功能尚未实现，但我采访过的出行管理专家认为，这些功能不久就会实现。我们知道无人驾驶汽车早已存在，谷歌将其视作一个大数据项目，它很可能会以某种方式融入交通系统中。

智能节能，能源管理新选择

戴维·拜伦（David Byron）是美国一家大型洗浴设备制造企业 Bathworks 的企业设施和能源经理。他负责 Bathworks 在全美 20 家办公园区和场地的设施和能源管理。他和其公司有着强烈的节能愿望，希望在利用所有可能的工具和行动达成这一愿望的同时，让员工感觉到舒适，让公司的资产不受损害。

Bathworks 公司能源管理的一个重要方面是它的车队。公司所有的交通工具，包括一些有人驾驶和无人驾驶的车辆都连上了 WiFi，因此，拜伦随时能知晓它们的位置、当天的行程和总行程、平均速度和峰值速度，以及加速和刹车的模式。如果司机驾驶车辆的方式不当，浪费能源或者将自己和车辆置于风险之中，那么网络就会向司机发出邮件和短信提醒。一些员工认为，这种监控有点儿侵犯隐私，拒绝使用公司车辆。然而，大多数人，包括所有高管，都逐渐适应了这一模式。

拜伦和他手下的员工也密切监控着 Bathworks 公司的采暖、通风及空调系统的能源损耗。他们知道每栋建筑里的每间房的温度、湿度、光照强度以及有无人员，他们监控的房间超过 23 000 个。通过中央气温管理中心，可以立即升高或降低温度，也可以打开或关闭窗户和百叶帘。他们知道某个办公室、楼层或建筑物里当前是否有人，或者特定通气管道的气闸是否损坏。他们拥有预测模型，可以预测夏天降低建筑物内部温度以及冬天早晨提供暖气的最佳时间。三年间，这一系统已经为 Bathworks 公司空调系统减少了超过 20% 的能源损耗。

为了降低一天和一年中高峰时段的能源损耗，拜伦的团队也实现了对一些非必要设备的远程控制。复印机、打印机，甚至是自动售卖机都能根据需求节省能耗。这家公司还能为电动交通工具提供实地充电的服务，以在能源短缺或高峰时段降低充电率。

拜伦的团队将所有这些系统都整合到了数据运营中心之中。这个运营中心设在总部后面一栋不起眼的建筑物里面。这栋建筑物看上去像“进取号”飞船（Enterprise）的控制台，但是这里不需要像柯克船长（Captain Kirk）和斯波克先生（Mr. Spock）那样的能源管理人才，因为大多数系统都是全自动的。拜伦喜欢跟参观者这样解释：用于管理这些建筑的不同系统都被盖在一张“分析毯”之下。

现在，拜伦开始把目光投向能源管理的其他前沿领域，但是这意味着要在研发新一代技术上进行大量的投入。他有一个计划，打算在 Bathworks 公司的许多建筑中安装第一代太阳能和风能设备，这些设备的性能可以根据可用风能、阳光、白天时长以及能源的价格进行优化。他也正在和供应商合力制作一份征求建议书。

拜伦知道这是个好主意，不过，与其他大数据能源管理工具低廉的成本不同的是，Bathworks 公司将需要投入大量的资金来节省能源发电的成本。

> 致怀疑者：
>
> 这一场景和一些领先企业已经在做的事情相比，并没有什么特别之处，尤其是微软公司已经发布了一份记述它如何在自己的园区内开展类似活动的报道。事实上，“分析毯”的术语正是出自那份报道。

新零售，让消费更智能|

拉蒂蒂亚·哈里斯（Latitia Harris）是Pettopia公司的一位高级市场主管，Pettopia是北美的一个宠物产品和服务连锁品牌，拥有220多家分店。多年来，哈里斯一直都在为Pettopia公司与在线宠物产品零售商之间的竞争落于不利地位而担忧。在线宠物产品零售商能掌握他们的客户身份及其购物信息。虽然公司拥有一个会员程序，但是许多客户都不是会员，公司只能通过信用卡识别客户的身份。而且，店内还存在少量但需要引起重视的偷窃问题：客户经常从零食柜台拿东西喂宠物，却不为此付账。

哈里斯得出结论，视频分析是解决这些问题的关键，会让Pettopia公司在与在线公司的竞争中处于对等地位，甚至是优势地位。因此，她在每家连锁店都安装了摄像头，并开始开发视频分析程序。这些分析之所以必要，是因为视频内容远比人观察到的要多得多。此外，哈里斯对一些程序的快速响应也很感兴趣。

Pettopia公司最初开发的应用程序中有一个简单的访客量计算器，在它的帮助下，哈里斯可以将访客量与销售量综合对比，并计算访客转化率。

根据这一信息可以了解到哪些员工善于推动客户购物，也可以调整不同时段的员工人数。这个程序只需稍加拓展，就能分析员工为在店内寻找商品的客户提供帮助的频率。

然而，这只是一个开始。下一个应用程序更复杂，包含客户识别、宠物识别的功能。在视频图像与会员卡、信用卡、核对信息以及结账时问询宠物名字的匹配下，Pettopia 公司能够识别出 90% 的客户和 60% 的宠物。哈里斯发现，如果店员在未被告知的情况下叫出宠物的名字，客户会很惊讶，同时也会为此而感到高兴。所以，当客户进入店内后，移动设备上就会立即显示出他们和宠物的名字。

哈里斯同时赞助开发了一项应用程序，这项应用程序会记录客户在逛街时留意过却没有买的产品。如果他们有该客户的邮件地址，就能给他发一封提示邮件，如果下次再光顾购买这件商品或者通过网上下单，可以给他打折。这一举动带来了高转化率。Pettopia 公司也能通过为制造商提供关注过其商品的客户的信息来获得一些额外收入。

视频分析系统的最新用途解决了偷吃零食的问题。Pettopia 的视频分析系统能够确定客户和宠物从零食柜台上拿走了多少份零食，并在该客户结账时显示库存数量。根据提示，对于常客偷拿的少量零食，收银员第一次应不予置评，第二次只能说“您的狗似乎挺享受这些零食的”。三次之后，或者如果是非会员客户，收银人员则直接点明：“还从零食柜台拿了四个，对吗？”并将价格计入总价。虽然一些客户为之惊讶，但是零食收入由此增加了 5%。

哈里斯一直在用其他视频分析应用程序做实验，包括一个指示宠物是否需要美容的应用程序，还有一个应用程序则为表现差劲的宠物提供培训计划，而且会基于宠物在店内的表现给出相应的折扣。她觉得在视频内容中，自己只抓到了大数据分析的皮毛。

致怀疑者：

视频分析正变得越来越强大，如果经过专门的训练，可能早已能执行这个场景中所描述的大多数任务了。我知道人脸识别这项技术已经走得很远了，狗脸识别技术也许还只有几年，但是似乎不无可能。

智能家教，为孩子重塑教育

拉里·迪西科（Larry DiCecco）是一名 17 岁的高二学生。他父母知道他有很大的潜能，但是成绩却没有那么突出，所以他们认定拉里在学校并不用功。他们非常希望拉里能上大学，但是又担心他考不上理想中的大学，除非他能加把劲。拉里的父母并不富裕，也清楚他必须获得不少的经济资助才能承担得起费用。他的 SAT① 模拟考试成绩很不理想，父母意识到，需要请家教来提高拉里的 SAT 成绩，但负担不起家教费。

① 美国中学生升读大学必须通过的一项考试。——编者注

不过，他的父母从学校辅导员那里听说一家备考公司推出了一款智能家教（Auto Tutor）应用程序。他们研究完这个应用程序之后，决定订阅几个月，这比请家教要便宜得多。这款应用程序中的所有备考内容都是以数字形式提供的，并且拉里消费的内容都是物联网化的，所以智能家教应用程序可以监督他的学习习惯。

开始使用智能家教服务之后，拉里和他的父母很快发现，他的学习效率非常低。例如，这个系统显示，拉里经常打瞌睡，学习重点不突出，而且学得很慢，因为他做了太多的重复性阅读，这表明他在学习时不专心。这个应用程序也显示，拉里学习时一心多用，例如，和朋友发信息，刷Facebook，听他最喜爱的潘多拉音乐电台，有时还玩视频游戏，这也在他家人的意料之中。不过现在，他决定至少努力戒掉其中一些坏习惯。

这个应用程序还分析了他的词汇，认定他在科学类术语方面基础薄弱，所以给他提供了与这类术语相关的练习。在数学方面，它判断出拉里擅长代数，而在几何方面有所欠缺，因此为他提供了一系列针对性的几何练习。

SAT 考试中有一个写作部分，智能家教服务承诺会提升拉里的写作技能，至少是将被测试的那些技能。这个应用程序让他写一些短文，并自动为之评分。结果发现，拉里的短文最薄弱的环节是每段的主旨句，因此为他提供了一套专项训练，提升他的技能。

每次在电脑上上完课之后，提高分数的应用程序会预测拉里的 SAT 分数范围和每个部分最有可能的得分。他的预测分数开始稳步提升。

这个应用程序也让拉里的父母参与到他的学习和提升过程中来，包括向他们发送一些关于拉里的行为和进步方面的建议，以及针对他的状态和程序对他的态度和表现所做的推断，推荐他们可以采取的激励措施。和父母交流之后，拉里在功课上也有了一些进步。

拉里持续使用了两个月智能家教服务，花费比请家教少很多。虽然备考公司和拉里没有直接的接触，但是这家人对结果非常满意。拉里的 SAT 分数提高了 150 分，这个分数处于智能家教应用程序预测范围的平均值，最终他成功进入首选的大学，并且想在进入大学之后还能继续使用智能家教应用程序来提高成绩。

致怀疑者：

如开普兰教育集团、嘉佩乐酒店（CapElla Hotal）和凤凰城大学（University of Phoenix）这样的组织已经在从事这个场景中描述的一些事了。大型在线教育联盟，如 Coursera 和 edX，也在积极研究这些衡量手段和建议的可行性。我预测，在接下来的几年里，大数据教育将是一个重点，而在这个场景中，拉里的经历可能会成为司空见惯的事。

成为缔造者，还是竞争者

我希望，这些令人振奋的场景或其他类似的场景能够在你的企业和行业中实现。原始的技术能力不太可能成为它们的障碍。事实上，正如我在

“致怀疑者”中暗示的那样，现在这些场景的大多数方面是可以实现的，至少在实验或试点的基础上是这样。要实现这些场景，最需要的是企业构建和部署这些创新的眼光与决心。踏上这一大数据旅程将需要非常丰富的想象力、相当大的勇气和全身心的投入。每一个场景都包括大量的工作，比如数据收集、IT 开发、系统和数据的整合以及分析模式的开发，而且企业可能需要一些富有成效的新工具的帮助。这些场景将需要一些优秀人才工作数年才能变为现实。在某些情况下，还需要调整一些政策法规，例如，发布允许无人驾驶汽车上高速公路的法律法规。

目前，所有这些创新的商业模式以及企业如何从中盈利，还没有完全明确，也不清楚客户是否欢迎它们，特别是像在宠物店安装摄像头这样的措施对客户和宠物的隐私都会构成威胁。但是，一些企业可能会解决这些问题，从而获得成功。例如，谷歌决定实现汽车无人驾驶，而其他一些企业则将会把它融入综合出行管理系统中。你希望自己的企业成为这些场景的缔造者或创造者，还是竞争者呢?

数据变现的 8 大最佳行业

在之前的研究中，我发现对于传统的结构化数据分析而言，一些行业无疑比其他行业更理解它们的企业和客户关系（见表 2-1），而其中的领先者（我称它们为“优等生”）往往是那些面向消费者的行业中有大量数据需要处理的企业：信用卡公司，如第一资本金融集团（Capital One Financial Corp）；保险公司，如前进保险公司（Progressive Insurance）；消费旅游公司，如航空公司和酒店；博彩公司，如哈拉斯娱乐公司（Harrah’s Entertainment,Inc.）；一些消费品公司，如宝洁公司。而有些领先者甚至在没有客户直接数据的情况下，就掌握了优秀的数据分析技术。随着20世纪90年代中期互联网公司的出现，其中优秀者如亚马逊、eBay以及奈飞都迅速成为数据分析领域的领导者，因为它们有大量的数据需要运算。而且做得非常好。在我的《数据分析竞争法》一书中，我将它们称为“天生的数据分析竞争者”。

表 2-1　　以往各行业数据应用和数据分析水平概况

数据弱势	劣等生	优等生
医疗机构	传统银行	消费品
B2B 企业	电信企业	保险
工业企业	媒体与娱乐企业	线上
	零售商	旅游和运输
	电力公司	信用卡

数据弱势企业是那些没有太多数据，或者即便有但数据结构化程度也不高的企业。出于这个原因，数据分析在这些企业内部能够发挥的效用会锐减。这些企业包括：

- 医疗机构，因为它们尚未广泛使用电子病历，而且大量病历都采用文本形式，而电子病历中50%的数据由非结构化的文本组成。
- B2B企业，因为它们没有太多的客户，因此不可能对客户的数据进行太多的处理。
- B2B2C企业，在它们和消费者之间存在着中介机构，例如，消费品企业和消费者之间有零售商，制药公司和它们的消费者之间隔着医生，因此往往不可能获得购买人群和使用情况等方面的准确数据。

- 工业企业，它们往往属于 B2B 范畴，拥有的产品数据少。

另外一些行业虽然拥有更多的数据，但只能算“劣等生”，因为它们没有有效地利用自己的数据为客户或者自身带来好处。这些企业包括：

- 电信企业，它们虽然拥有大量数据，但由于某种原因并未加以利用，也许是因为它们过去一直是受监管的垄断企业，或者因为它们忙于并购。
- 媒体与娱乐企业，它们的成绩不佳是因为它们拥有基于直觉和胆量做决策的文化，而不知道如何评估大家是否在看自己的内容。
- 零售商，它们拥有来自销售网点系统的大量数据，但直到最近，大多数零售商在这方面还是没有多大进步；而乐购（Tesco）和沃尔玛（在一定程度上）一直都属于更高层次的胜利者。
- 传统银行，它们拥有大量客户消费和存储方面的数据，但在大多数情况下，它们不能很好地帮助客户理解这些数据，也没有对他们使用有针对性的营销手段。
- 电力企业，它们在一段时间内一直都在谈论“智能电网”，但是距离实现这个目标，还有很长的路要走；除了推出一些智能计量装置和按时段定价的方案外，至今在美国还没什么改变。

随着大数据的出现，这样的环境已经发生了翻天覆地的变化。许多在上一时期的数据分析竞赛中落入下风的行业可能会成为大数据竞赛中的佼佼者，尽管为了做到这一点，它们需要改变自己的行为和态度。这些处在下风的行业和行业内的企业将迎来大数据，只是它们需要付出比运用传统数据分析更多的努力去利用它。

那么，让我们来看看其中一些行业可能会获得哪些大数据，以及如何使用它们。

大健康时代，智能医疗重构产业链

在医疗行业中，许多医院和诊所正在安装电子病历系统，这些系统将会产生比以往多得多的结构化数据。此外，临床情况下往往会产生海量的文本，主要是医生和护士的文字记录。现在，越来越多这样的文本可以通过使用自然语言处理技术被抓取和分类。另外，保险公司拥有海量的医疗理赔数据，不过，这些数据没有和医疗机构的数据整合到一起。如果所有这些数据都可以得到整合、归类和分析，我们就能更详细地了解患者的病情。CT 扫描和核磁共振成像技术产生的图像数据是另一个巨大的数据源；到目前为止，医生还只能用肉眼观察，却不能以任何系统性的方式加以分析。从患者身上收集人类基因组数据（每个人约有 2MB 的数据）的成本正在迅速降低，几年之后，收集每位患者的基因组数据只需 1 000 美元。如果这些数据还不够，互联健康设备如远程医疗和远程监控，以及量化自我设备如个人监控，也将产生大量数据。

试想一下，医生和医院可以收集每位患者的体重、血压、心率、身体活动乃至精神状态的数据，而频率是每天甚至是每小时或每分钟，其数据量将大得难以想象。总之,医疗行业面临的主要挑战将不是如何收集大数据，而是如何利用它。

精准营销，让 B2B 企业更具竞争力

B2B 企业只针对企业客户，因此可能并没有多少客户，但是这不妨碍它们拥有一个大数据的未来。首先不要将企业当作客户，而要把企业的工作人员当作真正的客户。一些 B2B 营销人员已经开始这样做了，他们跟踪这些公司的人员流动情况。其次，捕捉对话、电话服务、销售查询和客户关系的其他方面也可以产生大数据。最后，由于许多 B2B 产品和服务都使用了芯片和传感器来衡量它们的质量，所以公司将获得大量客户对产品的使用情况的数据。有了这些数据，B2B 企业就有可能依靠大数据和数据分析技术赶上它们的营销同行。

打造 B2B2C 新生态

面向客户的企业和它们的客户之间存在着中介，如本书提到的消费制造商和制药公司，它们过去一直处于信息劣势地位，现在可以在这个大数据时代奋起直追了。其中出类拔萃者，如宝洁公司正在进军网上销售市场。宝洁公司将它的网上销售平台称为“电子商店”（eStore），不仅用它来销售更多产品，而且还借此了解客户的行为和喜好。宝洁公司也正在与主要零售商如沃尔玛紧密合作，分享和分析大量零售点的数据。其他借助中

间销售渠道的企业，如汽车行业中的通用汽车公司和福特汽车公司，可能在汽车销售中和客户没有直接的接触，但它们通过信用卡关系了解到了很多的客户信息。消费品企业都开始使用视频分析来更详细地了解客户。例如，百事可乐公司雇用了视频分析供应商 RetailNext 的一个“学习实验室”（learning lab）来更好地了解，是什么促使客户从货架上取下 6 罐装的百事可乐。

未来，制药企业可能不仅会出售药品，还会出售设备，也许是智能药盒或药箱，以记录患者是否按规定的频率取药。虽然药盒和饮料罐不可能很快就拥有内置的传感器，但是，仍然会出现大量可供分析的数据。

工业大数据，创新产品与服务 |

工业企业的大数据可能来自嵌入工业产品的传感器和芯片。前面已经提到通用电气公司围绕监控机车、燃气涡轮机和航空发动机的计划以及当前正在做的事。约翰迪尔公司（John Deere）计划通过它的拖拉机上的传感器和计算机收集大数据。波音公司正是因为从出问题的 787“梦幻客机”上收集了大量的飞行数据，才能迅速地修复它，虽然飞机电池出问题似乎大多发生在地面上。美国思科公司（Cisco Systems）通过收集网络性能方面的数据知道，哪些网络配置最可靠。英特尔公司则拥有一个应用程序，它可以识别你的个人电脑是否有问题，以及在出问题之前是应该维修还是更换。

这样的公司清楚自己出售的设备的状况，所以能够更有效地维修，并知道什么时候需要更换。而且，它们也很可能从前面提到的一些 B2B 大数据创新以及接下来将要介绍的一些制造业和供应链的创新中受益。

电信行业，天然的数据源|

正如上文中所提到的，包括互联网服务提供商、有线和移动电信服务公司以及有线电视公司在内的电信企业，拥有大量关于谁和谁通信、谁对什么内容感兴趣以及谁愿意将大笔资金投入网络费用的数据。让你了解一下数据量有多大吧，IBM 估计每天产生的移动数据有 520 万 GB ；甚至，手机的数量也正在向大数据水平靠近，根据中立星公司（Neustar）的数据，平均每个家庭拥有 3.8 个手机号码。但遗憾的是，这个行业并没有充分利用这些数据。你可能已经注意到，无论客户在电信费用上投入大还是小，电信企业都一视同仁。

一些公司，特别是在移动电信服务行业内的公司，已经致力于利用数据识别可能放弃或减少它们的服务的客户。其中一些移动运营商开始分析它们的客户之间的社交网络，以找出特别有影响力的客户，他们可能会影响其圈子里的其他人。但是，这些公司只摸到了皮毛。

电信行业是少有的几个不必收集大量新数据就能在大数据方面取得成功的行业之一，它们只需利用已经拥有的数据就行了。我将在第 8 章介绍美国威瑞森无线公司（Verizon Wireless）如何基于销售移动数据创造新业务。

媒体与娱乐企业

这个行业面前有着数不胜数的大数据机遇。虽然它在过去没有处理过多少数据，也没有做过多少数据分析，但是事实上，这个行业越来越多地在互联网上销售其产品，这意味着它现在可以深入了解客户真正需要哪些内容。这个行业不仅有可能知道人们喜欢什么类型的电影、电视节目以及视频短片，也有可能获得更多细节信息。哪些明星更吸引观众呢？客户更倾向于喜欢悲剧还是喜剧呢？爆粗口会导致观众离开还是继续观看呢？当前，媒体和娱乐企业的平均成功率都非常低，因为大多数电影都不赚钱，大部分电视节目也很快被取消。不过，事情也不总是如此，像奈飞公司和亚马逊这样的公司涉足内容制作业务之后，就用了一种新方式利用大数据设计出成功的内容。

> 奈飞公司在推出美剧《纸牌屋》（*House of Cards*）这部电视剧之前就知道，新版的导演、演员和英剧《纸牌屋》都有良好的观众基础，所以美剧《纸牌屋》取得成功几乎是明摆着的事实。亚马逊则为它的流媒体视频点播业务推出了 14 种试点方案，并利用客户的反馈帮助选择最终的 5 个。这些以大数据为基础的模式必将迅速渗透到其他内容制作的机构中，因为这些模式非常有效。

智能金融，数字经济时代下的金融趋势

银行已经开始利用它在客户支付和金融活动中的数据，不过在这方面

仍然有很大的增长空间。银行业务现在成为一种多渠道的活动，一些大型银行已经开始了解客户通过呼叫中心、分支机构、自动取款机和在线网站来满足他们的财务需求所经历的复杂程序，它们也开始为客户定制营销方案。但我还没有发现哪家银行真正使用客户的所有财务数据来为金融产品提供个性化和高质量的推荐。我希望这种现象会在大数据时代出现。

智能电网，实现实时的能源监控

电力行业的机会相当多，但是电力企业必须投入大量资金，才能将它们变为现实。电力行业发展大数据的潜力包括，为在哪里投资建设新的发电厂和配电能力的企业决策提供支持，为实时能源管理的电网运营决策提供支持，以及为企业提供人们如何使用能源的消费情报。当前，各种设备、软件和服务公司都在为电力行业提供大数据解决方案，但迄今为止，很少有电力企业使用它们。

虽然上文只介绍了少数几个行业，但是我希望能给你留下这样的印象：几乎所有行业都能通过大数据获得变革。在传统数据分析时代落后的行业，如果能够熟练地运用大数据，那么它们都有可能在这方面取得成功。

大数据和关键企业部门

除了行业，组织结构的另一关键因素是企业部门。本节将介绍大数据对大型企业每一个关键部门的影响。虽然大数据对某些部门的影响会胜过其他部门，但是我认为，大数据极有可能被运用到所有的企业部门中。

市场营销部门：精准营销

市场营销部门一直是传统数据分析最幸福的归宿，不过，大数据可以让这个部门得到更大的改善。出于营销目的的新数据来源包括：客户的社交、移动和位置数据。想象一下，你不仅可以了解客户在社交媒体上发表的关于你的评论，也可以知道他们进入商店的确切时间。这些信息的价值有多大呢？除了这些相对较新的数据源外，许多营销人员没有充分利用在线数据。今天，大多数营销人员希望与客户保持全方位的渠道关系，保证多个实体和虚拟接触点之间无缝衔接，但是很少有人实现这个艰难的目标。他们需要知道客户如何从一个渠道，比如网上渠道，转移到呼叫中心来解决特定的问题，或连接到零售店为商品结账。如果要实现这个目标，营销人员的主要工作就是整合和分析多个渠道的数据了，其中包括一些大型、非结构化的数据和一些小型、结构化的数据；他们还需要将销售和通过各种渠道发送出去的各种广告和消息准确地对应起来，这是一项复杂的分析任务，不过好在有软件，可以对它进行分析并相应地优先考虑营销开支。当然，在营销人员实现这些目标之前，可能会出现一两个新渠道。因此，处理营销活动的大数据将是一项永无止境的任务。

销售部门：预测销量

在过去几年中，随着客户关系管理和呼叫报告系统的引入，销售部门发生了很大的改变。现在，企业普遍对它们的销售人员所做的事情和销售渠道前景有了更好的了解，其中之一就是，通过对比实际销售和销售人员的预测销售，企业开始注意到销售人员的预测是多么精准，虽然销售数据是体量相对较小的结构化数据。另外，使用智能手机和车载定位设备监测销售人员实际花费的时间也将成为可能。虽然这无疑会产生很多有趣的数据，但也有可能会引起销售人员的极大反感。

供应链：智能传送数据与纠错|

供应链流程是最有可能被大数据改变的。长期以来，人们一直讨论要将射频识别（RFID）设备作为监控供应链运转的一种手段，现在它的实际成本已经在可接受范围之内了。利用 GPS 跟踪卡车和火车，意味着能够更准确地预测运载货物的到达时间。一些运输公司包括 UPS 公司、联邦快递和施耐德物流公司（Schneider National Inc.），已经安装了跟踪设备，并越来越多地使用这些设备来监控和优化它们的网络。第 8 章中将以 UPS 公司为例，介绍它最近如何使用来自运送车（棕色卡车）的数据来重新设计行驶路线结构，这是 UPS 公司成立 100 多年来的第三次重新设计。其他类型的传感器也有可能产生大量数据，带来许多分析数据的机会。射频识别设备和远程通信传感器主要跟踪位置信息，但所谓的 ILC（标志、位置、状态）传感器也可以根据这些变量，如光、温度、倾斜角度、重力以及包装是否开封，来监控处于供应链中的商品状态，它们可以通过蜂窝网络实时传送数据。显然，有了这项技术之后，实时找出供应链中的问题并立即采取纠正措施的可能性大大增强了。而且，我们才刚刚开始探索如何利用数据分析来提升 ILC 衍生数据的价值。

生产制造：实现智能制造

将大数据运用到生产制造中的机会有很多。越来越多的产品和制造设备会被安装上产生数据的传感器。机械加工、焊接和机器人设备都能够报告自身的性能和维修需要。这些设备连接了网络，可以通过一个中央控制集线器进行控制和监测。而且，工厂自动化程度上升的大趋势将会继续下去并可能加速。

制造业还可以与由大数据推动的供应链联系起来，确保产品供应和制造相衔接，产品生产量达到最佳。离散型制造企业已经在很大程度上解决了这个问题，但流程制造业（以石油企业为例）还没有取得这样的进展。

智能人力资源：让企业思想自然流动

在过去，人力资源部门一直是数据驱动程度最小的部门之一，但是基于数据的人力资源信息系统和数据分析手段正开始改变这种状况。在分析员工的位置和通信数据方面，这个部门可以向前迈进一大步。举例来说，如果我们想要决定在哪里兴建设施，在做这个决定之前，难道不应该了解一下员工上班期间的活动范围吗？而且，这并不需要特殊的传感器，只要你得到员工的允许，就可以从他们的手机中轻易收集到这些数据。同样地，如果我们认为特定群组之间的合作非常重要，例如，对于产品开发小组和制造小组之间的合作，难道我们不应该衡量他们合作的水平和性质吗？服务器日志文件已经可以支持这样的分析，但很少有企业使用它们。**未来最**

好的企业将是那些设计并积极监控下属人员的合作与交流活动的企业。麻省理工学院教授亚历克斯·彭特兰（Alex Pentland）使用这些人遗留下来的传感器踪迹分析了他们的行为，他认为，这对于重新设计企业和社团是一种非常宝贵的指南。

制定属于自己的大数据战略

战略部门往往承担着制定或支持组织内部一些最重要决策的责任，然而，在历史上，它被剥夺了使用数据为这些决策做分析的机会。也许，战略家们搜集过一些数据，或者雇用某个战略咨询公司去这样做过，但很少能收集到大量数据。而现在，如果在战略决策中不使用大量的外部数据，就可能造成战略的弊端。与这些重大决策最相关的大数据或许是互联网数据，通过互联网数据能够知道世界各地的人们说了什么、做了什么。目前有三个初创公司支持这种分析，分别是总部设在旧金山的奎德公司（Quid）、总部设在波士顿的 Recorded Future 以及总部设在以色列的信号情报集团（Signals Intelligence Group）。奎德公司通过分析互联网数据来了解与技术相关的内容之间的联系和它们的状态。例如，它分析了一家大型 IT 厂商的技术机遇，发现它在生物制药、社交媒体、博彩和广告定位的交集区域有尚未开发的机遇。Recorded Future 通过分析互联网数据来理解预测和时序事件，它的用户是政府情报机构和如宝洁这样的公司，它们使用它的数据和工具去了解哪些事件可能会影响销售预测。信号情报集团则使用以色列军事组织的准则，为消费品公司如宝洁、制药公司如诺华公司（Novartis）和强生公司，以及科技公司的战略家提供创新、竞争、供应商关系和产品开发方面的启示。简而言之，如果你单纯依靠内部信息和自己的经验，那么作为一个战略家，你就会存在短板和盲区。

智能金融：让客户评估更简单

金融服务行业或许是最早采用大数据的行业。过去，金融交易员和风险管理人员通过参考大量的数据来确定买入或卖出的好机会，或者评估投资风险和资产贬值的可能性。虽然 2008—2009 年的金融危机表明，这些分析有时并不靠谱，但是大数据的这些应用还在持续不断地快速增长。基于大数据的分析将可以识别资产增值和贬值的模式，所以它也可用于识别营销机会以及监测欺诈和洗钱行为。在不久的将来，大数据也可能会走入公司的财务部门，尽管在大数据兴起的初期，企业的财务部门在这方面一直表现不佳。金融行业的企业也从事交易、风险管理、套期保值以及其他的数据密集型活动。随着外部数据的可用性变得更高，它们很可能会更深入地评估与特殊客户、供应商和业务合作伙伴合作的风险。

信息技术：让 IT 运营更可靠、更安全

IT 部门往往负责存储和处理大数据，它也可以更多地依靠数据来制定决策，IT 运营的可靠性和安全性就应该更多地依靠基于数据的决策。人们几乎把所有与 IT 设备（如计算机、网络设备和存储设备）本身性能相关的数据抛弃了，而这些数据可以用于分析、解释和预测。无论是 IT 组织还是

它们的供应商都没有充分使用这些数据来优化其运营的可靠性和性能。云端的 IT 能力的可用性将加速这一趋势，因为云服务供应商将需要用文档介绍其可靠性并加以提升，以获取和维持客户。安全性是另一个需要更多分析的 IT 领域。企业不仅仅要应对安全威胁，还需要预测安全威胁出现的位置及其来源。预测有人想要入侵的系统的属性是什么？过去最容易受到攻击的区域是哪些？那些可以预见并能够遏制安全威胁的企业必将比那些只会等到安全威胁显现出来才修补漏洞的企业更成功。

别把机遇留给别人

本章描绘了一些商业场景，并就大数据将如何改变重点行业和部门提出了一些看法。但是，仍然有许多机会被忽视。地方政府对交通、犯罪以及水资源管理的分析会怎样呢？虽然农业是最古老的产业，但是它产生的数据越来越多，大数据将会对它产生什么影响？当空调、冰箱和家庭影院系统变得智能化、数字化，并连上网，又会发生什么呢？数据分析最初是从球员位置或录像片段分析技术中衍生出来的，它又会给运动带来什么样的改变呢？要想预见大数据所有的影响是不可能的。

关键的一点是，不要自以为是。我最近与一位大型汽车制造商的资深研发高管讨论了一下大数据，当时我提到了谷歌的无人驾驶汽车，并认为这是个能对他所处行业产生巨大影响的大数据项目。接着，我问他，他的公司是否也有类似的项目。他回答说：“我们把这个领域留给谷歌。”

这可能是一个巨大的错误。如果大数据将改变你的行业，你难道不应该参与到这种变革中，而不是被动接受吗？这种自以为是已经注定了许多企业的失败。为了在大数据上占据先机，你的企业内部需要广泛讨论这种新工具对你的行业和企业可能意味着什么，谈谈你们应该采取什么措施。如果你没有任何反应，那你的工作和企业就会岌岌可危。

企业的未来

- 你是否设想过大数据改变你的行业、业务模式和客户体验后的未来图景？
- 现在，你的企业中是否有人专门负责跟踪与企业相关的大数据发展，并将这些信息报告给高管？
- 你是否考虑过大数据对你企业的关键部门带来的影响？
- 你的高管团队是否定期讨论大数据和分析其在企业中所发挥的作用？
- 你是否曾将这种思考和讨论转化为行动？

big
data
@
work

第二部分

企业的大数据战略，数据化转型的关键

03 big data @ work

大数据战略，缔造数据独角兽

假设你对大数据的前景很感兴趣，想发挥它的潜力为自己的企业服务，那么首先你需要做什么呢？是为你的数据中心购买一个大规模的 Hadoop 集群，还是聘用一大帮子数据科学家，抑或是拷贝互联网上产生的所有数据，再将之存储到你的数据中心里？

且慢！你首先要思考的是，大数据能在企业的哪些方面真正发挥效用。你需要有充分的时间去完成我之前提到的重要策略，不过，最重要的一步是，要为大数据确定一个详尽的策略。你需要召集企业高层管理团队并着手讨论大数据可以为自己的企业带来什么，在其众多的可能性中，你想要寻求的是什么。

在这个过程中，你必须考虑清楚，你想要通过大数据实现哪些目标。

你的大数据目标是什么

正如许多新的信息技术一样，大数据可以大幅度降低成本，可以明显缩短完成计算任务或推出新产品和新服务所需的时间。大数据也像传统的数据分析一样，为内部决策提供支持。在这些优势中，你所寻求的是哪方面呢？虽然企业可以利用隐藏在大数据背后的技术和理念实现各种各样的目标，但起码在最初阶段，它必须聚焦于少数目标。弄清楚你的企业想从大数据中获得什么是一个至关重要的决策，该决策不仅会影响大数据所产生的最终成果及经济效益，也会影响相关大数据项目的推进，譬如，谁来牵头大数据项目，大数据如何在企业中得到运用，以及你如何管理项目等问题。

通过大数据技术降低成本

如果主要是为了降低成本，那么你可能已经意识到了一个事实：用于衡量 CPU 速度的一个指标 MIPS[①] 和 T 级别的结构化数据存储，目前能够通过像 Hadoop 集群这样的大数据技术进行最为廉价的传送。

> 我们通过这个例子来看一下某家企业的成本比较：据估计，传统数据库每年存储 1 TB 所花费的成本是 37 000 美元，另有 5 000 美元用来购买相关的数据装置，而只有 2 000 美元用于购买 Hadoop 集群，尽管后者在大多数情况下处理数据的速度是最快的。

① 每秒处理百万级的机器语言指令数，请想象一下计算机系统处理数据有多快。

我会在第 8 章再提供一些数字，这些数字同样表明大数据可以节省大量成本。

当然，这样的比较还是失之偏颇，因为越是传统的技术，从某种程度上来说就越安全、越可靠且越易于管理。然而，为了完成对一个新的 Hadoop 集群以及相关工具的应用，你可能必须另行聘请昂贵的工程师和数据科学家。

有个叫游戏驿站（GameStop）的零售商决定不购买 Hadoop，其原因是，他们不愿意对工程师在相关软件方面进行培训或者聘请咨询顾问。不过，如果这些因素不在你的考虑范围之内，或者你已经雇用了相关人员，且该应用并不需要太多的安保措施，那么对你的企业而言，基于 Hadoop 的大数据便称得上是一笔非常划算的买卖。

如果你的主要目的是降低成本，那么从一定意义上来说，引进大数据工具会使之变得简单易行。引进大数据工具的决策，应该主要是由 IT 部门在考虑了技术和经济两方面的标准之后做出的，同时也要确保他们以更为广阔的视角来看待成本问题，即追求总体拥有成本。你或许还想让客户和赞助商加入进来，一起讨论涉及这类存储的数据管理的利与弊，但就此打住吧，因为对企业的未来进行详细讨论完全没有必要。

降低成本对于大型银行来说是一个主要目标，例如美国合众银行（US Bank）。美国合众银行实际上因大胆尝试新技术而出名，但就像当下许多大型机构一样，现在它已经开始变得有些保守。该银行现行的战略是以更低的价格实现很好的运营。因此它的大数据计划需要迎合这个战略。事实上，它想要通过大数据实现好几个目标，但主要目标是“实打实地提升计算能力”。美国合众银行购买了一个 Hadoop 集群，有 50 个服务器节点和 800 个处理器内核，这样的配置能够处理 1PB（相当于 1024TB）的数据，估计其在存储量方面比一个传统的数据库多出一个量级。该银行的数据科学家都在忙着运行现有的分析程序并将之转换成 Hive 脚本语言，以在 Hadoop 集群上运行。实际上，美国合众银行雇请他们的时候，数据科学家这个称呼还未流行。以下是该项目经理的看法：

> 考虑到当前的形势，我们需要重点关注大数据。无论如何，金融服务中的非结构化数据是很少的，因此，我们正在利用结构化数据，效果很不错。当项目接近中期时，我们会将更多的精力放在可以直接确定投资回报率的实际问题上，这也是由我们企业的技术状况及费用压力决定的。近期，我们需要自己资助大数据项目。虽然人们一直大力倡导“做出好产品，自然有客户”，不过我们从事的仍然是现有的业务，即更快地建立模型并减少开销。虽然这个方法并没有什么智慧过人之处，但它更具有可持续性。我们希望创造更多的价值，也希望以后有更多的自由去开发更有意思的产品。

如果你的情况也类似于美国合众银行，那么你也可能需要把重点放在降低成本上，高度专注于这个目标，做到不被大数据的其他应用诱惑，会有助于实现这个目标。

降低成本也同样可以作为实现其他目标之后的一个次要目标。举个例子，比如你的首要目标是通过大数据进行产品和服务上的创新，那么在完成创新的目标之后，你可能想要研究如何以更少的花费做出新产品和服务。群邑公司（GroupM）是广告传播集团 WPP 旗下的媒体投资管理机构。它比全球任何机构购买的媒体都要多，而且它利用大数据工具追踪哪些人收看自己的节目，通过什么媒体收看。这原本是件好事，可惜群邑公司在全球拥有 120 家分支机构，而且每一家机构都利用自己已有的技术对大数据进行分析。如果群邑公司允许每一家机构都使用自己的大数据工具，那么每个站点至少会花费 100 万美元。

因此，群邑公司没有使用这种极其分散的处理方法，而是计划通过纽约总部提供集中式的大数据服务。这样的服务会集中于全球 25 个市场，每个站点预期的开销仅比分散式服务所需的 1/3 多一点而已。在此后的几年中，我们会见证越来越多这样的整合，因为那些原本进行分散式尝试的企业，会使用大数据控制成本。

通过大数据缩减时间|

大数据工具的第二大共同目标是，缩减完成特定程序所必需的时间。梅西百货公司商品定价优化应用程序就提供了这样一个经典的案例。该应用将大规模复杂的分析计算的时间从几小时或者几天缩短至几分钟甚至几秒钟。这家连锁百货公司对其 7 300 万个产品进行了优化定价，将定价时间从 27 个多小时缩减至仅为 1 个多小时。软件供应商 SAS 将这种应用程序命名为高性能分析（HPA）。显然，HPA 让梅西百货公司可以通过更加频繁的重新定价来适应零售业市场的不断变化。从理论上来讲，零售商可以根据像当天的天气这类变量重新定价，不过，通过电子追踪系统完成定价会更加容易。这种 HPA 应用将数据从 Hadoop 集群中提取出来，放入其他并行计算的软件中。

梅西百货公司还表示，公司在硬件方面也降低了 70% 的成本。该公司官网的营销分析副总裁克勒姆·托马克（Kerem Tomak）正在利用类似的方法减少提供给客户的营销供给时间。他指出，公司可以利用节省的时间进行更多的模拟计算，“对粒度数据进行成百上千次的模拟与我们过去对聚合数据只能进行 10 次、20 次或者 100 次之间模拟的区别，以及我们现在所做的与将来使用高性能分析所能够做到的差异，是有天壤之别的”。为了获得大数据结果，托马克还会利用可视化分析工具，这也是大数据通常会涉及的。

> 我们再举一个金融资产管理公司的例子。过去，这家公司的调研人员分析一只由城市或者公司发行的单一债券，并根据 25 种变量对其进行风险分析，针对模拟结果可能会有 100 种不同的模拟统计方法。使用 100 种变量及百万次模拟可以进行更好的分析，在 3 年以前，这是完全不可能的。然而现在，这样一种需要几万亿次运算的细粒度数据分析，可以通过大数据应用程序在 10 分钟之内就完成。

正如这位信息主管所述："这个方法的最大好处是，发现的过程变得更快。一个数据分析师可以建立模型，然后运行，再观察之后会发生什么，如果有不喜欢的，就进行修改。而这所有这一切仅在一分钟之内就可以处理好。这样会使思路变得更加连贯，也就意味着研究的质量会更高。"

如果你的企业主要对降低时间成本感兴趣，就需要与业务流程相关的雇主进行更加密切的合作。其中关键的一点是向对方说明，你打算如何利用节省出来的时间。比较好的商业导向的回答包括以下 4 种：

- 我们能够运行更多的模型，能够更好地理解重点领域执行的驱动程序。
- 我们会更加频繁地校正模型，以获得更好的解决方案。
- 我们会利用更多的变量和数据为客户提供实时的报价计算。
- 我们可以更为迅速地根据实际情况应对偶发事件。

至少从严格的商业角度来说，不好的回答包括：有更多时间去打高尔夫球、喝咖啡，或者有足够的时间在吃午餐时喝三杯马提尼酒。

通过大数据技术开发更多的订单 |

在我看来，一家企业利用大数据能够做到的最有抱负的事情就是，利用结合自身的大数据，研发新产品和服务。在这方面最好的一个例子就是领英，这是一家面向商业客户的社交网络服务网站。领英利用大数据和数据科学家研发出了一系列产品，并开发了自身的特色。正是这些产品吸引了数以百万计的新客户，并且成为固定客户。

另一家利用大数据全力开发产品和服务的有力竞争者是谷歌。理所当然，这家公司使用大数据来完善其核心搜索及推送广告的算法。谷歌不断地开发新产品和服务，而这些产品和服务都是利用大数据算法进行的，以搜索和广告投放为核心，包括 Gmail 邮箱、Google+ 社交网站、Google Apps 应用等。就像我在第 2 章的模拟旅行中所讲到的，谷歌认为，无人驾驶汽车是对大数据的一种应用。尽管其中部分产品研发成功了，而一些夭折了，但仍旧没有一家公司的创造发明能够像谷歌那样多产。

不管是线上还是线下的商业运作，这种现象屡见不鲜。通用电气公司关注大数据主要是为了提高服务，以优化其工业产品的服务合同和维护周期。美国房地产信息网 Zillow 创造了 Zestimate 房价评估系统、Zestimates 月租金评估系统以及美国国内房产价值指数。奈飞公司发起了名为奈飞奖的竞赛，希望数据科学家团队可以提高公司为客户推荐影片的效率。此外，正如我在第 2 章中所指出的那样，企业也在利用大数据创造专有产品。教育培训公司开普兰首创使用大数据为客户提供高效学习和备考策略方面的建议。诺华公司致力于利用大数据[①]研发新药品，该公司的首席执行官约瑟夫·希门尼斯（Joseph Jimenez，中文名为江慕忠）在一次访问时解释道："如果你想一想现今可以获得的数据量有多大，就能明白生物信息学的潜能就如同数据挖掘的能力一样，变得越来越重要，这样你也就能真正理解引起

① 在医疗保健行业，大数据的获取、处理和利用等被称为信息学。

某种癌症的是一种特定的突变。”这些企业都努力将大数据的重点直接放在产品、服务以及客户身上。

当然，这一点对于企业看重大数据的哪个方面以及新产品研发的过程和速度都会有重要的影响。如果一家企业想更慎重地完善利用大数据所催生的产品和服务，还需要创造一个配备了工具、技术以及相关人员的专门平台。这些人员必须擅长处理大数据和由此所创造的新产品。这个平台可能还应该具备某种程序，以便在向客户发布新产品之前，可以小规模地测试产品的性能。显然，但凡渴求创造基于大数据的产品和服务的人，都需要和产品研发团队密切合作，可能还有市场营销团队。这些项目更应该由企业领导人发起，而不是技术人员或者数据科学家。

将产品或服务革新的重点与大数据关联，同样也会影响企业的财务估算。一般情况下，产品开发被视作一种投资而非省钱的机会。所以，在这样的情况下，你可能不会节省大量时间或者金钱，但可能会很好地为企业增加优质的产品。

通过大数据做好企业内部决策

传统的小数据分析的主要目的是支撑企业内部的决策，比如，应该向客户提供什么？什么样的客户最有可能即将失去？仓库里还有多少库存？该如何给产品定价？

当有可以应用于决策中的不太系统的新数据来源时，这些决策仍旧和大数据有关。例如，一家名为美国联合健康集团（United Healthcare Group）的医疗保险机构，主要关注客户满意度和流失率的问题。在衡量和分析这个重要问题时，许多小型公司使用的是小数据分析。然而，这样得出的许多关于客户感受的数据是杂乱无章的，尤其是面对从客户来电到呼叫中心的录音文件时。对于医疗保险而言，客户满意度显得越发重要，因为联邦政府和州政府的相关团体均会对客户满意度进行监测，并且像美国消费者协会这样的组织，会将检测结果予以公布。过去，这种非常有价值的电话数据是不可能用于分析的。

然而现在，联合健康集团正在将电话数据变成文本，再使用自然语言处理软件做出分析，这是一种从文本中提取客户真实意图的方法。虽然不同的英语方言增加了解析的难度，但是客户会使用特定的表达方式暗示他们的强烈不满，因此，通过分析客户的语言可以明确哪些客户意图表达不满。这样一来，联合健康集团可以随之做出某种形式的干预，也许就是简单地打个电话给客户，询问不满的原因。如何识别出不满意的客户，虽然这个决策和过去是一样的，但使用的决策工具已大不相同了。

我所知的三大金融服务企业有美国富国银行（Wells Fargo）、美国银行（Bank of America）以及发现卡信用公司（Discover），它们都在使用大数据了解客户关系，这在以前是不可能做到的。在这类行业中，当然也包括其他几个行业，比如零售业，掌握多渠道的客户关系是一个极大的挑战。它们正在通过网站、呼叫中心、出纳员以及其他部门的人员，利用客户的“活动轨迹”，以更好地了解客户通过企业想要前往的路线，以及这条路线会如何影响客户的流失或者购买某种特定的金融服务。

源于多渠道的客户活动轨迹所得出的是无结构化或者半结构化的数据，其数据源包括网站点击率、交易记录、银行票据以及呼叫中心的录音。这些数据量相当庞大，一家银行就可以达到120亿行数据。企业开始明白客户活动轨迹的重要性，开始用段名称对活动轨迹进行描述，并确保与客户进行高质量的互动，将活动轨迹与客户身上可能出现的机会和问题进行关联。这是一组要做出分析的复杂问题和决策，但潜在的回报率也很高，据估算，一家银行的回报可高达50万美元。

使用大数据所做的企业决策同样涉及对其他传统领域的分析，例如供应链、风险管理或者定价。**使其成为大数据而非小数据的因素在于企业是在使用大量外部数据来改进数据分析**。例如在供应链的决策上，企业越来越多地使用外部数据衡量并监测供应链的各种风险，供应商数据的外部来源可以为企业提供供应商的技术实力、财政状况、质量管理、交货的可靠性、天气风险和政治风险、市场知名度以及商业行为方面的信息。**最先进的企业不仅会监督自己的供应商，还会监督供应商的供应商。**

在监测形成风险的其他因素上，企业可以在互联网上监测大数据的来源。比如，上文提到的网络数据公司 Recorded Future，该公司来自情报机构的客户会对人物如有名的恐怖主义嫌疑犯、事件如示威游行或暴乱以及关于政府动乱的预言进行监控；负责机构安全的商业伙伴会监控民众抗议和政治动乱；负责市场营销的客户则会搜集监督市场的竞争活动和事件，以及可能会影响市场需求的预言。

过去，获得竞争情报和市场信息仅仅靠的是直觉行动，而如今，大数据的到来正在改变着这一切。如果你能得到更多详细的数据，并对其进行更为系统的分析，可能会帮你做出更加明智的战略决策。正如 Matters Corp. 公司的首席执行官乔伊·菲茨（Joey Fitts）所说：

> 在历史上，市场和产业情报主要由能代表企业的管理者的信息构成，其中包括了他们的实际位置、电话号码、行业编码、信用积分等基本信息。但现在，我们可以解释企业在市场中的作为。过去被隐藏的市场因素现已成为公开的数据，可以进行趋势分析、基准测试、细分、建模和提议。这套数据更为广泛，更具规模，更具实时性。如今，企业走在了数据化的前沿，而不是被牵着鼻子走。

例如，一家领先的软件供应商想要更好地了解：相对于自己的产品，合作伙伴对有竞争力的软件平台的支持情况。为了依靠合作关系及平台的支持以整顿杂乱无章的网站数据，这家软件供应商收购了菲茨的公司 Matters Corp.，Matters Corp. 本身就是一家监控行业市场活动的公司。有数据显示，相对于这家软件供应商，竞争者获得了 3 倍的合作伙伴的关注和平台的支持。从客户角度来说，这意味着一个更丰富的伙伴服务的生态系统，包括了技术咨询、评估、执行、运用、解决问题、技术支持和推广，对于这种生态系统，竞争对手的客户也能够获得，并且比他们可以提供给自身客户的更加丰富。这样的认识致使这家软件供应商的管理者在预算之外额外增加了10亿美元以缩小与竞争者的差距，而且，该公司能够使用相同的工具监控他们对合作伙伴能力的影响，并留意到，差距随着时间逐渐缩短。

定价是数据分析早期应用于商业的一个方面，并且非常成功。例如，现在几乎每家航空公司及连锁酒店都在使用定价优化工具确定航班舱位或者酒店房间的最优价格。优化定价最初是通过内部制定的数据完成的，这些数据记录了不同物品的历史出售价格，而且即使到现在，这样的数据也是优化定价的一个关键因素。但是像PROS这样的定价软件公司，现在常常会将外部数据甚至有些不太系统的数据纳入计算程序。例如，PROS公司一个石油行业的用户，可以结合会影响消费需求的天气数据，以及通常会从互联网上获得的竞争对手的价格进行定价计算。

发现与生产，大数据的两大利器

根据不同发展阶段，数据分析相应地也会有两项主要活动。**一项是发现，即了解数据包括什么以及如何使用方能使企业获利；另外一项就是生产。**

小发现，大回报|

长期以来，数据发现就是传统数据分析的一个特色，但大数据带来的管理挑战和企业机遇让发现成为一项尤为重要的活动。相比生产导向的工作，企业在大数据的帮助下，需要具备不同的技巧、组织、工具、财务导向、文化属性，才能真正做到“发现”。

最常见的情况是，发现通常是由企业个体中注重创新、产品开发和研究的人员完成的，而非 IT 部门。一些企业组织这些人成立了“数据实验室”或“分析沙箱”，或者诸如此类名字的团队。一般情况下，这些人可以在企业处理数据最为密集的业务部门中找到，比如，负责银行网上渠道或销售渠道的职能部门，或者负责零售商品和消费品的营销职能部门。他们了解最新的工具，知道如何使用数据模拟及监控实验，且不畏惧失败。最佳的数据科学家是符合这些条件的人。

不断学习探索和坦然面对失败的企业文化，虽然对所有创新者来说是很有必要的，但某些企业可能很难做到。尽管如此，他们仍旧必须学会这样做，仍旧需要为努力完成发现建立预算，哪怕这样的尝试不会带来直接或者显著的回报。虽然需要接受实验和失败，但这并不意味着企业应该允许数据实验室的工作人员去做任何他们想要做的事情。如同前贝尔实验室（Bell Labs）的数据分析家汤姆·雷德曼（Tom Redman）主张的，数据实验室的组织及文化的焦点应该和贝尔实验室在数 10 年前所鼓励的类似：

- 贝尔实验室成功的秘诀就是推行半天工作制。而且最好的一点在于，员工可以选择一天中的任意 12 小时去工作。
- 贝尔实验室成功的秘诀在于拥有伟大的想法。员工只需要每隔几年想出一个想法即可，但它必须能够改进电话服务，而且必须是很不错的想法。

- 在贝尔实验室，成为一名优秀的管理者的秘诀就是聘用对的人，给他们提供所需的工具，为他们指引正确的方向，且不要介入他们的工作之中。

数据分析的最终结果是，得到一个想法，即新的产品或服务的理念或特色，抑或是一个有充足证据支撑的设想，它能证明现有的模型可以得到改进，并且会有越来越多的渐进的改善，而不是重大的突破。多数的发现都是相对微小的，但哪怕是一个小的发现，都可能会帮助你找到一个新的要点，更好地鉴别出即将舍弃你的客户。若你坚持下去，并且拥有合适的人和可以给予你支撑和帮助的文化，终究会得到巨大的回报。

生产很重要，但并不是所有想法都应该付诸实践

大数据在生产阶段的应用就是，将大数据运用投入到规模生产的环节当中。这可能意味着新的数据和积分方法会融入定价计算程序，或者是在从发布测试信息到功能齐全的产品正式面世的过程中，提出新产品的特征。生产需要规模化、稳定性、安全性，以及客户、合作者、管理者关心的所有恼人的属性。

当然，不是所有关于发现的想法都需要付诸生产实践，因为不是每一个想法都与企业文化或流程契合，或者有明确的收益。如果你将一半的发现项目投入生产，那么就未免太过开明了。

如果没有足够的发现项目投入生产，事情的发展可能会偏离轨道。例

如我最近采访的一家医疗保健组织，使用大数据已完成了大量的发现项目，包括获得并分析了医生的笔记、放射科的影像、病人的行为等。这些发现项目中有许多是极有发展前景的。然而，尽管该组织的电子病历（EMR）系统非常适合获取交易数据，但导出数据进行分析的能力有限。所以，每一次为发现所做的尝试都投入了大量的时间和财力，但终究以受挫收场。最终的结果是，这些发现项目根本就没怎么投入生产。这家组织很清楚，他们在从发现到生产的转换环节出了纰漏。为此，他们对电子病历系统进行大笔投资，但仍旧没有安排出相应的资源和时间建立一个存放临床数据的企业仓库。

在大数据应用的生产过程，人的能力也很重要。做生产工作的人员和做发现工作的人员并非完全不同。一方面，这两类人都需要对数据分析有所了解，另一方面，他们侧重的技能各不相同。在使新的应用程序和硬件/软件功能融入到现有的体系结构以及优化应用性能方面，做生产工作的人员应该称得上专家，他们最有可能任职于IT部门，而不是业务部门。他们必须面临数据管理和治理以及系统可靠性的问题。显然，企业都不愿意常常变换生产应用程序，或者安装无用的新组件，所以某种测试和发行管理就显得很必要。这类应该注意的数据往往会拖后腿，做发现工作的人员会因此而感到失落。然而，至少一些有意识的行为是有好处的，在生产阶段，你肯定不愿意发行一款满是漏洞的应用程序。

当然了，生产也并不只是IT人士的事情。如果你有新的思路来对关键业务流程做出决策，还会存在人员和机构变更的问题。比如，如果你在修改价格计算程序，就必须让销售团队对此更为满意；而倘若你在为库存优化提供新的计算程序，就必须确保仓库经理会使用这样的程序。正在为优化航线而改进决策的 UPS 快递公司发现，相对于向数千司机推行新方法，数据及分析的问题倒显得更为简单。

创新你的数据分析组合，做出高效的决策

简而言之，本节和第 2 章一样是为了让你相信，运用大数据可以做很多事情。许多大型企业运用大数据做的不止是一件事，但是你如何规划一个明确的投资组合呢？你是致力于面向外部的产品还是内部的决策？是寻求降低成本、缩减时间、基于大数据的产品和服务开发，还是优化现有的决策制定流程？在这些利好方面，你是处于发现阶段还是生产阶段？大数据是如此重要、极具潜力，以至于你会将它同时运用于多个领域？

这些问题都出自本章前部分内容。上述问题综合起来形成了一个目标矩阵和大数据应用的不同阶段（参见表 3-1）。例如，你的目标是想要利用大数据技术降低成本，发现相关的活动可能需要一个小小的试点计划或概念验证，以了解 Hadoop 集群或相关的技术是否有可能为企业节省资金成本。既然省钱是一个目标，你可能想对总拥有成本进行调查研究，这其中包括为大数据平台编写和构建程序所需的人力成本。假设调查出的结果是好的，你将会继续为一些生产应用程序对 Hadoop 集群进行全面部署。

下面我们再举另外一个更富有挑战性的例子。假设你想使用

大数据重塑产品和服务，或者至少使之得到明显提升。当然，你需要确定产品或服务是否会更有意义，或者指定其中哪一些成为大数据的“生产物”。例如，通用电气公司的重心在于如涡轮机或机车发动机之类的“快速旋转事物”，它们是服务数据的生成器。由于通用电气公司将大部分的资金用于服务方面，自然很容易做出重视提升服务流程和操作的决定。

公正地说，在这点上，通用电气公司仍旧处于发现的模式，并配备人员和基础设施付诸实践。然而，该公司已经在通过传感器收集大量的数据，将以大数据为基础的服务投入生产也是指日可待。而且，该公司已经开始向其他公司提供其“工业互联网”的软件和数据分析平台，并已形成了新的大数据营销标签，即“预言之城”（Predicity）和“数据兰帝亚”（Datalandia）。你可以想象得到，这个提议需要相当大的投入，这也是为何通用电气公司投入了几十亿美元的原因。

表 3-1 各单元格中所呈现的内容之间并不是相互独立、互不相交的，在大数据应用的早期，企业或许就应该将中心稍微集中一点，况且通常情况下，“发现”显然是在“生产”之前进行的。例如，尽管通用电气公司提出的主要关注点是实现对工业产品的服务创新，但其仍旧在探索如向使用大数据技术缩减开支和时间。

表 3-1　　大数据的阶段及目标

	发现	生产
降低成本		
迅速制定决策		
制定更好的决策		
产品 / 服务创新		

另外一家存在多元提议的公司是艾玛迪斯（Amadeus），这是一家主流的旅游信息技术分销公司。该公司的高管说，在大数据为人所熟知前，他们就对其深感兴趣了。当然事实也是如此。艾玛迪斯公司位于德国埃尔丁的数据中心，它可以在一天内处理 3.7 亿多万笔的旅游交易，并且每天处理 250 万的预订量。在任何时候，这家公司的系统上都会有大约 5 600 万旅客在进行预约登记。

随着旅游变得更加民主化和复杂化，只有获得更多的帮助，消费者才能在面临选择时成功应付。因此，艾玛迪斯公司使用大数据的一个重点是让搜索变得轻松,并直接向消费者提供有针对性的产品以供选择。换句话说，这就是产品或服务的创新。艾玛迪斯公司一方面利用大数据提供我之前提到过的“针对性搜索结果”，另一方面也在致力于利用大数据提升其他方面的工作。

除了大数据在产品 / 服务创新方面的应用外，艾玛迪斯公司还致力于表 3-1 中的其他单元格里所展示的项目。该公司的 IT 部门近几年已在实施大数据技术，包括非关系数据库、开源数据管理工具、分散式商品服务器架构，并关注降低成本的机遇；此外，该公司对减少响应客户的时间也予以重视，该公司系统对问询的平均响应时间是 300 毫秒，而 IT 工程师想要在更广阔的数据前景中保持这样快的速度。

艾玛迪斯公司正在与其客户合作，力求通过大数据做出更好的决策。这适用于航空公司，比如可以通过测试不同版本确定如何对网站进行优化、什么类型的客户倾向于自主订票渠道、选择票务服务站还是机场人工服务、行李的托运时间以及其他许多问题。除系统自己的乘客和航班信息以外，该公司还收集了其他与旅游相关的 50 个方面的数据，并结合不同的数据类型来更有效地制定决策。

大数据项目的职责分工

正如我所建议的那样，不同的大数据目标和项目阶段需要不同的角色与技能。在表 3-2 中，我使用了目标 / 阶段矩阵，在每一个组合中插入了可能的责任方。例如，涉及改善或加快决策的大数据项目，其负责人应该是搞数据分析的那些人，这类人对企业业务和决策者都更了解。然而，对这些项目实施真正意义上的生产，责任方必须由负责制定或者执行决策的企业高层来决定。**这些职责部门的划分旨在提供建议，可以视实际情况变更。**

表 3-2　　大数据项目的职责分工

	发现	生产
降低成本	IT 研发部门	IT 系统架构和运营部门
迅速制定决策	业务部门或部门分析团队	业务部门或部门高管
制定更好的决策	业务部门或部门分析团队	业务部门或部门高管
产品 / 服务创新	研发团队或产品开发团队	产品开发或产品管理部门

如何将大数据转化成产品

该从何处寻找企业能成功应用大数据的良机呢？大多数机构在做此决定时应该寻求一种双管齐下的方法。**一方面，需要了解大数据可以带来的机遇。你是否拥有价值连城的数据足以形成或者转变成策略？**如果你是一家保险公司的老板，或许还有许多医疗申报数据尚未分析；如果你在零售银行上班，那么毫无疑问，会有许多你基本没有处理的客户支付数据；如果你从事生产加工工作，也可能存在生产设备所遗弃的数据，而这些设备往往是你并不打算利用起来优化流程的。大数据技术可能会使你首次分析某些未被使用的数据，这会对你的企业产生巨大影响。

另一方面，需要寻求企业所需的大数据应用，而非可以获得的。这是一项长期的策略，需要贯彻到经营策略中，并且要意识到任务、目标、主动性都可能通过大数据得以升级。如果你的策略重点在于更好地预测并满足客户需求，或许能够发现某些可以用于开发确切需求信号的外部数据；

如果你的策略重心包括更好的管理你的供应链，也许可以使用各种可能的传感器数据以更好地掌握企业产品库存的场所及所处的环境。

中立星公司是一家为大型的电信应用提供数据管理和分析服务的公司，它在这个问题上为我们提供了一个很好的同时谋求两个角度发展的例子。这家公司是从洛克希德·马丁公司（Lockheed Martin Space Systems Company）脱离出来后组建而成的，过去处理过一些重要的数据和交易业务，像北美电话号码、移机不改号业务、一些互联网域名、全球移动通信系统（GSM）的格式呼叫及文本路径等。这些都是非常重要的数据，而且其系统从来没有出现过安全漏洞。

2010年，莉萨·胡克（Lisa Hook）成为公司的CEO，她意识到，公司在电信服务方面能做的就这么多了。她想要让公司转型成为一家除了提供电信服务以外，还聚焦于提供与数据、见解等相关服务的公司，而究竟将重点放在哪些电信服务以外的服务上，他们的一部分灵感来自客户。中立星公司基于其已经拥有的客户信息，开始寻找数据服务和客户洞察。电信公司很想知道自己所拥有的客户数据能否识别出哪些客户更容易出现逃单不付款的情况，这样就能重点监控这些客户以避免违约风险；有线电视服务公司则想知道哪些客户可能会愿意升级至三网合一电视节目；其他的公司想要知道如何与客户更有效地沟通。胡克了解到，市场对客户洞察和数据分析的需求是清晰明确且日益增长的。

然而，胡可查看她的员工资料时发现，有能力建立大型的、权威的数据库的员工不在少数，但是有大数据知识或者数据分析背景的人却寥寥无几。而位于中立星公司所在街道正下方的 TARGUSinfo 公司就能帮助解决这个技能不足的问题。

TARGUSinfo 曾经也是一家重点聚焦在电信服务上的公司，但现在已经转向以营销分析为导向了。它知悉从潜在客户开发到客户维护的整个销售过程，并可以在这方面向客户提供帮助。TARGUSinfo 有和中立星公司非常相似的金融背景，因此中立星公司在 2011 年 10 月将其收购。

收购进行得非常顺利。TARGUSinfo 公司当时已经有由数据驱动的产品和服务的开发流程，即一份包含了可用数据、管理方法、来源、允许使用的产品目录。现在，中立星公司也正在建设这样的目录。中立星公司在收购前拥有大量非结构化的数据，现已储存在 Hadoop 集群里，并正在探索如何以最佳方式将这些数据转变成产品。为了促使数据转变成产品，中立星公司派了许多数据科学家前往新建于伊利诺伊大学的中立星实验室工作。

我曾询问过胡克，中立星公司的产品开发过程是着手于公司的数据，并尝试发现其中的价值，还是以客户需求为起点，再从数据中找到对应的解决方案。这个问题并不是一个测试，但是胡克给了我认为是正确的答案。她的回答是：“两者都有，而且有时候还是同时进行的。”而且，由于她的员工有的充分了解数据的潜在价值，有的又清楚客户需求，因此，他们可以合作开发新产品。

你应该孤注一掷，还是小心试水

我要讨论的关于大数据的最后一个方面就是，你需要多快、多积极地开始行动。你应该一头扎进去，还是应该先小心翼翼地试一次水？是应该处理多个项目还是仅仅一个就足矣？应该聘请一大帮数据科学家还是暂时雇用一两个？这些问题的答案决定于你所属的行业、你的大数据竞争对手的动作，以及你的企业想在技术上实现的创新程度。接下来，我将会对在采用大数据的过程中所存在的三种整体速度和进取水平做一个介绍。

应用大数据的正确速度 |

何时应该采取保守行动？

- 你的竞争对手尚未利用多少大数据。
- 过去的技术还没有推动产业转型。
- 你还没有足够的客户或者其他重要的企业实体的数据资料。
- 你的企业在产业改革中不是先行者。

何时应该做到适度积极？

- 你的企业已经在有效地利用大数据或者分析学。
- 你想要领先其他竞争对手。
- 你的企业一贯可以轻松应对技术和数据。
- 你有可以做大数据工作的员工，这是最基本的一点。

何时应该非常积极？

- 在你的行业，已经有人非常有进取心。
- 在过去，你是一个善于分析的竞争者。
- 你过去使用技术成功推动过行业的转型。
- 你已拥有所有必需的能力。

保守的方法

几乎我能想到的所有企业至少都在寻求利用大数据的保守方法。如果你并非直接和客户打交道，如果你的竞争对手在大数据上没有比你先行一步，如果过去技术并未推动你所处行业的转型，或者如果你的企业在产业创新上常落后于同行，那么保守的方法可能就是必要的。

不过，即使是采用保守的方法，对大数据与你的企业或者企业模式的匹配度仍然有必要进行探索。这种探索应该包括前文提到过的策略：**基于现行的策略，评估企业已经拥有什么类型的大量数据或非结构化数据，以及大数据可能有的用途；**如若你还没有内部资源去做这种评估，像德勤会计师事务所、埃森哲公司或 IBM 的全球服务业务这类以大数据为导向的企业的咨询顾问会很乐意为你提供帮助。

你也有可能需要接受某些大数据的管理教育。我被邀请授课的对象不仅包括企业的高层管理者，还包括董事会成员、主要合作伙伴以及企业的大客户。任何时候开始培养关键利益相关方的大数据观点都不为早，甚至有些举措可能是和合作伙伴一起研究出来的。

这些保守努力的目的是，确定企业和产业可能的大数据发展方向，然后着手激发大家的兴趣、鼓舞企业的士气来追寻大数据的发展方向。但我猜测，我所述的保守的条件将在不久之后不复存在，比如竞争对手会开始登广告聘请数据科学家，而你只能采取更为积极的行动。

适度积极的方式

如果你的企业已经做到了有效地使用大数据，那么适度积极的方式是恰当的，因为虽然你想要保持竞争力，但又觉得没有必要打头阵。我将旅游运输、医疗保健、消费品及消费者金融服务归于此类。如果你的产业发展缓慢，而你又想走在行业前列，那么这种方式也同样适用。

适度积极的方式意味着你要有发现的能力，可以研究几个不同的项目，其中至少有一个以产品或者服务创新为目的。你会希望这些项目中有一两个是可以在一年左右进入到生产阶段的；意味着你已经引进了像 Hadoop 集群这样的大数据技术。另外，适度积极还意味着你已经具备了大数据能力，并雇用了有相关背景的工作人员。

适度积极的方式也要求你已经用大数据解决了组织内的一些问题。例如，你已经决定了数据科学家应该如何适应更为传统的定量分析；对于一个项目应该如何从发现阶段过渡到生产阶段这个问题，你已经深思熟虑过；你已经消除了传统 IT 团队和大数据团队之间爆发全面对抗的可能性。

非常积极的方式

我在本书中所述的一些企业，包括通用电气公司、艾玛迪斯公司以及像谷歌、领英和 eBay 等在线服务公司，都以非常积极的方式利用大数据。它们从根本上进行了总结，正如谷歌首席经济学家哈尔·瓦里安（Hal Varian）曾告诉我的：“我们是在处理数据业务。”对于会产生海量点击流数据的网络公司来说，这样的结局是显而易见的，几乎每一个行业的领导者都在这样做。对于像通用电气公司这样的工业品制造商来说，这更是一次充满野心的飞跃。

如果你正打算成为这类大数据坚实拥护者中的一员，就需要有大量的项目，需要具备很强的能力，而且需要投入大量的资金。我提到过通用电气公司耗资数十亿美元建设一个新中心来做大数据工作。在艾玛迪斯公司，几乎每一个主要的职能部门都在利用大数据进行研究或生产。尽管领英仍是一家相对较小的公司，约有 7 000 名员工，但其中有 100 多名数据科学家。谷歌的数据科学家达到 600 名。这些数据显示出，这些公司正致力于大数据项目。

big data
智能商业的未来@
work

无人驾驶，未来出行新选择

你也许想加速进入“非常积极”之列，因为你的竞争对手已经在其中了。举个例子，假设你就是通用电气公司的老对手西门子公司的 CEO，你听说通用电气公司在大数据工业中投入了20亿美元，请问你有怎样的感受？我还没有与西门子公司谈过这个问题，但我希望西门子公司认真地思考过这个问题。如果大数据即将重塑你的产品目录，你或许还会有兴趣研究投入的程度。比如，如果我是福特公司、通用汽车公司、菲亚特克莱斯勒公司（Fiat/Chrysler）、大众公司或者任何一家大型汽车公司，都会惊讶于谷歌居然打算引进无人驾驶汽车。不过，就算不能超越，起码我也会投入大量人力和物力与谷歌在无人驾驶汽车方面相抗衡。一些汽车公司，尤其是戴姆勒股份公司（Daimler AG），已经在这样做了。

在本章，我尽力给你提供一些工具，帮助你思考企业的大数据策略。现在你至少了解了四个可供选择的目标，两个大数据的不同阶段，两种确定应用的方法，以及三种对大数据的投入程度。总之，对于企业需要做出的选择和制定的决策，你有了相当的了解，但不管你提出什么样的大数据策略或者举措，都需要一些可以帮助你施行想法的人才。这就是第 4 章的主题。

制定属于你的大数据战略

- 你对大数据的兴趣点主要在于它可以帮助降低成本，改善决策制定，还是能帮助企业创造新产品和新服务？
- 如果你的重点是放在决策制定上，那么你的主要目标是更快地制定决策，还是利用更多的数据和分析做出更好的决策？
- 你是否拥有一个战略组合，当中各有一些项目符合这种目标，即这些项目一些属于“发现”模式，另一些属于“生产”模式？
- 你的企业是否已经确定了在大数据和大数据相关的新应用上投入的程度？
- 是否有同行或者相关行业内的其他企业在大数据技术方面的投资超过你的企业？

04

big data @ work

数据科学家，让数据真正变现的人

如果你的目标是利用大数据为企业创造出好的产品和服务，其中最关键的一个因素就是人。毕竟，大数据产物的几乎所有主要成分都是免费的或者廉价的，比如软件通常是一种开放资源，而硬件则是一种高度商业化的产物；数据通常存在于组织内部，也可通过低成本渠道获得，比如说互联网。当然，也有例外的时候。但是，从事大数据研究的工作人员很难找到和留住，而且企业往往要为之付出昂贵的代价。不过显而易见的是，如果没有他们，很多事情将不可能发生。

迄今为止，大数据人性化的主要关注点就是数据科学家，也可以说是制造应用程序和模型的人们。然而，大数据同时也意味着管理者和决策者需要做出改变。与往常一样，高级管理者决定着大数据管理工作的有效性或无效性。想要了解大数据管理方面的问题，还为时过早。但这一主题还是值得讨论的，我将在本章的后续段落中对此展开讨论。

本章除了介绍数据科学家和大数据管理人员的特征外，还介绍了一些招聘、保留和培养这些人的能力的方法。对于那些致力于大数据举措的企业而言，这是它们所面临的最困难的问题之一。

数据科学家，21 世纪最性感的职业

很多时候，当我采访一些企业的大数据管理人员时，他们都会说，数据科学家其实并不是一种新兴职业。当然，许多企业早在几十年前就已经靠定量分析师来开展数据准备和管理的工作了。1986 年，数学博士布莱斯·赫尔泰（Blaise Heltai）进入贝尔实验室工作，在此之前，他只是一名数学老师，如今，他是一名大数据顾问。他在接受采访时说：

> 在这个令人敬畏的机构中，我从事的是数据科学家的工作。在对数据进行分析之前，我们必须从复杂的技术中将这些数据提取出来，通常会用到现代人所使用的脚本语言。数据量往往很大，我记得曾用过某一类电话总局的电信交换机的呼叫详情来分析电话接入费，这就是一个典型的大数据问题。我们在财务和呼叫路由选择方面做了很多模拟和优化。正如如今的一些大数据项目，我们还对新发布的产品进行了研究。我们针对新电信服务、实地试验管理或新服务进行了实验并建立了经济模型；我们还开展了第一款智能手机测试，首次成功完成了视频点播实验。我们已经具备大数据和数据科学所需的所有元素，所以我认为，数据科学家不久以后就会出现。

我认为，虽然过去这些技能肯定存在，而且在从某个人身上偶然发现，但并不是那么普遍。贝尔实验室和其他一些以科学为导向的企业可能会具备这些技能，但如今有更多企业已经具备或希望具备这些技能。我们如今处于这样一个处境：人们对数据科学家的需求出现了戏剧性的增加，这与纯粹的发明所需的角色不同。

谁是天生的数据科学家

20 世纪后期，数据科学家这一角色开始在组织中风行起来，主要是在旧金山湾区，他们主要从事网上和社交媒体数据的管理。这是一个令人头晕目眩的时代，企业的数据堆积如山，为存储、处理和分析这些数据，它们还在不断发明各种新技术，大部分由数据科学家发明。

数据科学家这一模型的关键理念是，一个人具备所有必要的技能。现如今，肯定存在满足这种需求的人，我将会介绍其中的一些人。但是，由于这类人并不是很多，在记录完这些人的特征后，我将介绍一些更实用的方法，来获取所有这些必要的技能。

数据科学家的 5 大必备技能

典型的数据科学家综合了 5 种职业：黑客、科学家、定量分析师、可信的顾问、业务专家。在讨论具备所有这些特征的现实人物之前，让我们先分别看看这些职业各自的特征。

数据科学家的特征 |

黑客

- 能够编码；
- 了解大数据技术架构。

科学家

- 基于证据做决策；
- 即兴创作；
- 急躁和行动导向型。

可信的顾问

- 良好的沟通和人际关系技能；
- 能够制定决策并了解决策过程。

定量分析师

- 统计分析；
- 可视化分析；
- 机器学习；
- 非结构化数据分析，例如文本、视频或图像。

业务专家

- 了解企业如何运作和赚钱；
- 对数据分析和大数据的应用具备良好的判断力。

要想成为数据科学家，先去做黑客吧！

由于大数据技术是一种新兴技术，而且很难将其提取出来用于分析，所以，要想成为一位成功的数据科学家，就必须具备一些黑客的特征。

首先，你必须具备编码或编程能力。“你会编写代码吗”，这是一位首席科学家在招聘时向数据科学家提出的第一个问题。如果你具备任何编程语言方面的经验，那将大有裨益，尤其是脚本语言，如 Python、Hive 和 Pig，或者有时会生成的语言，如 Java。这些脚本语言相对容易编写，还能将大型数据处理问题分布于分布式 MapReduce[①] 框架中。

数据科学中的黑客还需要熟悉常用的大数据技术，最重要的是 Hadoop/MapReduce，包括如何实施和扩展它们，以及是否需要在所在地点或云计算中提供这些技术。这些技术都是一些新技术，还在不断变化，所以数据科学家必须具备开放性思维，而且要特别开放，以学习新工具和新方法。

当然，黑客行为只有在有价值的业务环境中才会发挥其作用。正如专注于大数据非营利性应用的数据科学家杰克·博威（Jake Porway）在博客中就黑客马拉松这一话题所谈的一样，许多创业者和网络公司都希望组织这种马拉松式的编程竞赛，以便从数据中寻找创造性的见解：

> “我们有大量的数据，但是我们不知道该怎么用，”基金会的董事看着桌子对面的我，露出了一脸的可怜相，“我们考虑过组织

① MapReduce 是一种编程模型，用于大规模数据集的并行运算。——编者注

一场黑客马拉松，或组织一场应用程序竞赛。”他笑着说。他的同事也纷纷点头赞同。我耸了耸肩。

我大约每周都会进行一次这样的谈话。面对堆积如山的数据，任何组织，无论是非营利性的医疗保健机构、政府机构，还是营利性的科技公司，都想拼命实现大数据向它们承诺的目标。

它们越来越多地转向这种黑客马拉松式的竞赛，以获得新想法，填补自己的能力差距。这种形式的竞赛实质上就是编码师、数据极客和设计师通力协作，在周末短短的48小时内构建出软件的解决方案，其有许多可嘉奖之处。

参与黑客马拉松的人给技术领域带来了巨大的社会机遇，他们提出了解决方案，会得到金钱和名誉的双重奖励。以前企业不知道如何找到兢兢业业的专家，现在可以自由地接触他们了。尽管有诸多益处，但是，黑客马拉松并不适宜于解决大问题，如减少贫困、改革政治或改善教育，当它们被用来解释社会影响的数据时，将会造成极其危险的后果……

任何称职的数据科学家都会告诉你，你应该从问题着手，而不是数据。但不幸的是，数据黑客马拉松往往对问题缺乏明确的定义。大多数企业会认为，如果你将黑客、披萨和数据放在同一间房子里，奇迹就会发生。这就像慈善机构仁人家园（Habitat for Humanity）让志愿者绕着一堆木头站好，然后说“开始攻击吧”一样。一天结束后，你会发现日光室内有14个洞口。

换句话说，黑客马拉松可能是因一个想法而产生的诸多新想法，如果它针对的是真正的商业问题，你就会发现它们更有价值。

最后，对黑客技术做一个总结，很多大企业不愿意雇用黑客是有原因的。在本文中，黑客技术通常被定义为一种创新的快速计算，但这一术语还有一层“不太合法”的意味，即倾向于避开计算行为的正常规则。就当前大数据技术低下的情形而言,后一种意义的黑客技术可能是必需的。然而，值得注意的是，黑客特征在数据科学家特征中并不占主导地位，你可能会为此后悔。铁杆黑客带来的麻烦远比他们带来的益处要多得多。而且，他们也未必有兴趣为大型官僚组织效力。

成功的数据科学家，可不需要你有研究生学位 |

在数据科学家的特征中，科学家这一特征不一定意味着必须是实战科学家。然而，2012 年，我对 30 名数据科学家进行了采访，结果发现，57% 取得了科学和技术领域的博士学位，90% 至少在科学或技术领域获得过一个高级学位，最常见的是实验物理学博士，其中还包括生物学、生态学或社会科学等高级学位，而且这些领域通常涉及大量的计算机工作。

数据科学是否需要这些领域详细的相关知识呢？ 绝对不需要。对实验物理学博士而言，重要的不是学位或相关的具体知识，而是完成数据科学任务所需的能力和态度，其能力包括开展实验、设计实验装置，以及利用数据来收集、分析和描述结果的能力。科学家分析的数据不可能是真正的大数据，就连大学也很少接触到真正的大数据，但它很可能是一种非结构化的数据。

进行大数据分析的科学家可能会具备的特征有：基于证据做决策、即兴创作、急躁以及自己动手的宽慰感。在大数据工作的早期阶段，这些技能很重要。在这一阶段中，数据科学家必须执行一些开创性工作，而在后期，这些工作可能会通过软件轻松地完成。科学家也可能是快速学习者，能迅速地吸收和掌握新技术。

不过，对一个聪明人来说，花费 4～6 年的时间获得实验物理学博士学位，然后再去从事数据科学领域的工作，简直就是浪费时间。当然，这类人很可能具备许多必要的技能，但也可能具备许多不必要的能力。没有什么证据能证明，撰写博士论文对有追求的数据科学家来说是一种有益的活动。最终，我们将能够更有效地获得博士学位所需的技能，尤其是数据科学领域的技能，但就目前而言，科学家最有可能是这些技能的来源。

应当指出的是，许多成功的数据科学家根本没有研究生学位，他们的大多技能都是自学而来的，因为以前的大学并不提供这方面的课程。例如，领先的数据科学家杰夫·哈默巴赫（Jeff Hammerbacher）在 Facebook 工作时与当时就职于领英的帕蒂尔（DJ Patil）创造了数据科学家这一术语，而那时他只有本科学位。正如我将在第 6 章中讨论的一样：**大数据文化是一种任人唯才的文化，而不是一种强调具备某种数据科学学位的文化。**

你得是一位可信的顾问

正如传统的定量分析师一样，数据科学家需要具备良好的人际沟通技能。然而，正如传统的数据分析师一样，他们不可能具备这些技能。因为如果你将大部分精力放在计算机和统计数据上，就不会对人际关系产生太大的兴趣。

不过，良好的人际沟通技能肯定是必要的。数据科学家要为高管制定内部决策提供建议；在以数据为产品的企业里，数据科学家还要为负责产品和营销的管理者就数据产品和服务的机会提出建议。最早一批数据科学家中的帕蒂尔参与创造了这一术语，他常喜欢说，数据科学家必须“站在桥上”，近距离地向船长提出建议。如果数据科学家和决策者之间存在中介的话，决策者可能无法了解关键决策涉及的所有重要数据和问题。

有证据表明，这些技巧很重要。高德纳公司（Gartner）的研究发现，“70%～80% 的企业智能商业项目的失败”是因为“IT 部门和业务部门之间缺乏沟通，未能提出正确的问题，或未能考虑到企业的真正需求”。智能商业项目通常涉及的都是一些小数据，而不是大数据。然而，某些项目之所以失败是因为自身存在问题。毫无疑问，缺乏沟通的小数据和大数据项目会引发大问题。

关于这个话题，我在这里就不再详述了，因为在我之前与他人合著的一本名为《人人都是分析师》（*Keeping Up with the Quants*）的书中已对这一话题进行过详细的讨论了。我认为，小数据定量分析师和大数据科学家所具备的沟通技能和可信的顾问所具备的技能之间不存在主要差异；就这两种工作而言，这些技能都是十分必要的。

先成为定量分析师 |

在大数据被获取并被“驯服”之后，即从非结构化数据转换为结构化数据之后，必须用传统的方式对其进行分析。因此，数据科学家还需要承担起定量分析师的工作，了解他们身边的各种数学和统计技能，并能够轻松地向非技术人员做解释。我和一些作者已经合著了很多关于这些统计技能的书籍，所以在这里就不再详述这些技能了。

然而，小型非结构化数据的分析和大数据的分析之间存在一些差异。其一是，对于较大的群体来说，小样本统计推断出的结果可能不太重要。随着大数据的出现，企业往往会对整体数据进行分析，因为它们具备这种技术。如果你不是从一个样本来推断整个群体的结果，也就不用担心统计数据之类的概念，换句话说，小样本统计就是所观察到的结果代表群体的概率，因为它们就是一个群体。尽管如此，但我相信，在许多情况中，我们仍将继续使用样本统计。例如，向所有美国或其他国家公民征询他们对政治或社会问题的看法是不可行的，所以我们还是会利用样本调查来解决这类问题。即使你利用大量的网络数据来分析这一问题，但仍然只能代表特定时间内某些用户的意见。

两者之间的另一个不同之处是，大家普遍偏爱大数据的可视化分析。

至于原因，我想没有人能完全解释清楚。大数据分析结果往往以可视化的形式表现出来，现在，可视化分析有很多优势：易于高管理解，容易引起注意。不利的一面是，它们一般不适宜于表达复杂的多元关系和统计模型。换句话来说，大多数可视化数据是为了进行描述性分析，而不是预测性或指令性分析。然而，它们可以同时显示大量的数据，如图 4-1 所示，这幅图呈现的是银行账户关闭因素的可视化分析。我发现，与许多其他复杂的大数据可视化分析一样，这一可视化分析也很难解释。我有时会想，很多大数据的可视化分析仅仅是因为可以进行分析而被创建的，而并不是为了清晰地呈现一个问题。

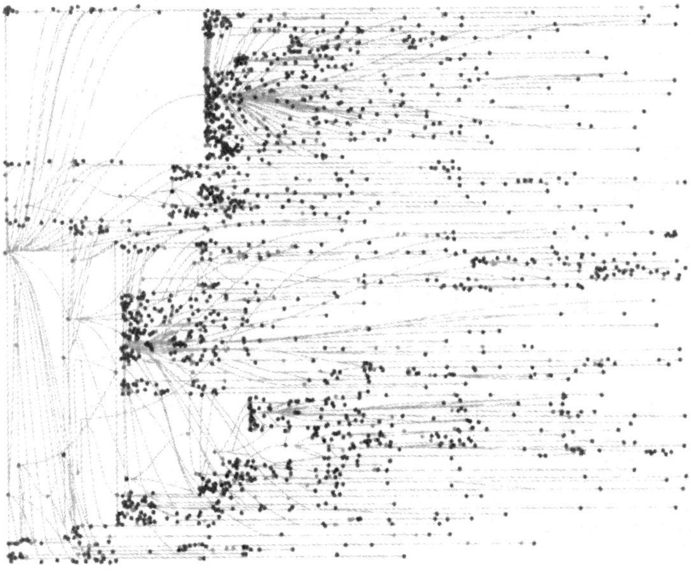

图 4-1　银行账户关闭因素的可视化分析

为什么可视化分析常见于大数据中呢？有几种可能的解释。其一是“大数据 = 小数学”（big data=small math）的假说。这表明，由于捕捉结构化数据所付出的努力太多，所以很少有时间和精力来开展复杂的多元统计分析，只能建立一个简单的频率统计，然后基于频率统计进行绘制。这种现象常见于数据科学家群体中，但没有人知道这种方法的重要性和普遍性。

另一种解释是，大数据和更吸引人的可视化分析几乎同时出现。最后一种解释是，大数据工作是一种探索性和反复性的工作，因此需要可视化分析来探索数据，并向管理者和决策者传达初步调查结果。

我们可能永远不会知道哪个解释更为重要，但事实是，数据科学家需要以可视化的方式来显示数据和分析结果。

big data 智能商业的未来@work

打开机器学习的黑盒子

机器学习是数据科学家需要了解的另一种分析技术。正如我在第 5 章中介绍的一样，机器学习涉及自动化测试和各种模型和数据组的匹配，以找到最合适的配对。机器学习确实只是一种半自动化的技术，因为分析师通常需要指示机器学习程序从哪里开始，需要探索哪种数据转换。虽然这一过程极其困难，但是分析师也应该研究一下机器学习的“黑盒子”，解释它的分析结果并尽量搞清楚为什么某个特定的模型是最适合的。这样的话，就很容易向决策者和管理人员做出解释。

> 但是，如果你想在一周内生产上千种模型，对此进行人为解释是不可能的。无论在任何情况下，从事大数据分析工作的许多组织都会雇用机器学习专家。

大数据通常涉及如文本、图像和视频等非结构化数据的处理。数据科学家不可能熟悉所有这些数据类型的分析方法，但了解其中一种将会大有裨益。例如，自然语言处理（NLP）是一套研究人与计算机之间用自然语言进行有效通信的方法，涉及计数、分类、翻译等，在了解客户对产品或企业的评价时，通常会用到这种方法。几乎所有对大数据感兴趣的大型企业都应该雇用一些具备自然语言处理技术的员工，不过，专家有一两个就足够了。

做既能精通又能跨界的业务专家 |

数据科学家对业务的运作要有深入的了解，或者至少应该了解其中的部分环节。例如，企业如何赚钱？竞争对手是谁？企业如何在行业中成功推出产品和服务？能够利用大数据和分析来解决的关键问题是什么？这些都是一个有效率的数据科学家应该回答的问题。

掌握与业务相关的知识可以使数据科学家做出假设并迅速对其进行测试，为关键的功能和业务问题提供解决方案；否则，他将难以为业务增加附加值。正是对业务问题的分析使这些关于数据或传统数据分析的知识得以发挥作用，因此，相关业务领域的兴趣和经验很重要。当然，**数据科学家有时也会在各个行业之间来回转换，但没有人会精通所有领域。然而，重要的是，他们需要对所从事的新业务抱有强烈的好奇心和兴趣。**显而易见，数据科学家通常都是极其聪明的人，如果他们对某个新业务感兴趣，很快就会掌握相关的知识。如果你面试的是另一个行业的数据科学家，请确保他对其所从事的行业感兴趣，而且具备解决问题的能力。

横向和纵向数据科学家

还有很多其他类型的数据科学家。文森特·格兰维尔（Vincent Granville）经营着数据科学研究中心，这是一个为像他一样的数据科学家创建的社交网络。他曾对这些不同类型的数据科学家之间的差异进行了比较，并在一篇博客文章中描述了纵向和横向数据科学家之间的区别：

- 纵向数据科学家对某些鲜有人涉猎的领域有着很深的了解。他们可能是非常熟悉所有排序算法的计算机科学家；或了解一切关于特征值、奇异值分解及其数值稳定性的统计学家，以及了解极大似然估计的渐近收敛的估计师；或具备多年编写应用于 API 开发和网络爬虫技术的 Python 代码（包括图形 库）经验的软件工程师；或拥有强大的数据建模、数据库、图形数据库、Hadoop 和 NoSQL 专业知识的数据库专家；或贝叶斯网络、SAS 和 SVM 的预测建模专家。
- 横向数据科学家融合了业务分析师、统计师、计算机科学家和领域专家的特征，他们将想象力与技术知识结合起来。他们可能不是特征值、广义线性模型和其他半过时的统计技术方面的专家，但他们

> 了解适用于非结构化、流动式和大数据等的现代化的数据驱动技术。他们可以设计出稳健、高效、简单、可复制且可扩展的代码和算法。

从格兰维尔的描述中，我们可以清楚地看到他对横向科学家的偏爱。他认为，其广泛、务实的知识要比纵向科学家丰富的知识更好。我同意，如果你需要对某个特定技术有深入的了解，那么你可能会聘请这一领域的顾问。通用电气公司的高级数据科学家马克·格拉伯（Mark Grabb）负责招聘数据科学家，也分享了他对横向科学家的偏爱：

> 我们真是完全接受分工协作，寻找多年专注于某个罕见领域且具备专长的技术专家，并依赖于整个团队的良好沟通吗？虽然我们发现这类专家具有很大的价值，但更多时候，我们发现，他们的价值体现在为数据科学家建立新的分析工具上，而不是充当数据科学家这一角色。在利用现有工具提出新的解决方案方面，这些专注于罕见领域的专家的业务速度和积极性往往不高，而且他们往往会因开发出新能力而引以为豪，并希望得到重视。

如何让多元数据科学家团队协作

将上述所有技能集中于一个超人身上也会面临着一个问题，即这类人的数量并不是很多。用概率术语来说，如果只有 1% 的人具备这些技能，假设这些技能独立分布，那么你能找到具备所有这 5 种技能的人的概率是

0.0000000001。而且即使你不辞辛苦地找到了这种人，可能他（她）也不愿为你效力。

还有一个复杂的问题是：要想为大数据项目提出一种有效的方法，数据科学家尤其是横向数据科学家只是一个组成部分，例如，在解决数据分析前提取、清洗和调和数据等繁重的数据卫生问题时，IT 行业的数据科学家早在几十年前就已经开展这项工作了，而且这种需求一直都存在。2012 年，人才分析（Talent Analytics）针对 302 名定量分析师和数据科学家开展了一项研究。除了其他话题外，这项研究还说明了分析专业人士的具体工作。研究发现，对那些自称为分析师和数据科学家的人来说，“数据准备”是一项关键而又普遍的任务。实际的数据分析和结果的可视化只会占用专业分析人员的一小部分时间。

找到多元化数据科学家还有一种方法，集结一个具备所有这些必备技能的团队，找到一个擅长黑客技能的人和一个具备统计技能的人等。有的组织会试图找到一些具备 1.5 或 2.5 种必备技能的人，然后通过训练来构建其他技能。例如，那些具备一种技能的人需要尊重那些具备其他技能的人并承认自己需要这些技能。良好的数据科学管理人员应能培养这种尊重文化。通用电气公司全球研究中心的分析学技术的负责人格拉伯是这样描述通用电气公司雇用多元技能人才的经验的：

> 在通用电气公司，我们发现具备 2～3 个领域的专业技能的数据科学家是最有成效的，我们之所以这么认为有如下几个原因。

第一，了解多领域的知识是一种极大的创意优势。我曾听过其他人将此比作一种“外角优势”（coign of vantage，一种有利的地位）。早在几十年前，字典里已经没有“外角”这一词了，你可以将其理解为建筑物的墙角石。站在建筑物墙角外缘的人可以看到建筑物的两侧，虽然看不到其他两侧，但与那些只能看到一侧的人相比，他就具备了极大的创意优势。数据科学家也是如此。

第二，我们已经注意到大多数只具备一种专长的分析专家往往没有合作者工作效率高，因此高效的数据科学家必须具备合作精神。不幸的是，专家的研究领域越窄，他们就需要越多的沟通渠道，但按照这些人的性格来说，他们往往不愿意接受合作。

第三，我们得出这样一种结论：专业技能来自奉献、研究和应用，这再次验证了马尔科姆·格拉德威尔（Malcolm Gladwell）《一万小时天才理论》书中提出的一万小时理论的正确性。因此，要想雇用和培训成百上千具备所有这些技能的人是不现实的。

考虑到多元化技能的需求，数据科学管理人员必须为各个项目组建一个具备所需技能的团队。有些项目可能需要更多的数据能力，而有些项目可能需要更多的分析技能等。数据科学管理人员在组建团队之前必须确定各个项目的具体需求。

大型数据咨询公司 Opera Solutions 在开展客户项目时采用的就是这种数据科学的团队方法。该公司的项目人员包括，提出新算法的实践数据科学家，就所处理的业务问题向科学家提供指导的分析管理人员，以及传统的对项目成本、进度和交付进行管理的项目管理人员。此外，往往还包括某一特定行业的专家，如业务主管或科学主管，他们能够针对某一行业的特定数据和分析需求提出建议。

如何找到数据科学家

从高校中发现数据科学家 |

很早以前，我就已经注意到，如今的数据科学家都拥有高级科学学位，但这并不能保证他们具备必要的技能。什么时候才会出现一种培养数据科学家的更有效的途径呢？正如我之前提到的，我相信没有一所高校会颁发数据科学学位。但是，它们已经针对这一领域开设了越来越多的课程，而且越来越多的高校正在规划数据科学学士学位。这些方案主要针对硕士学位，比如，加利福尼亚大学信息学院、加州大学柏克利分校和纽约大学已经开设了这种学位。高校不像迅速变化的公共机构，但它们已经了解到商业及其他组织机构对这类人的需求。在两三年内，大学将会开设大量的课程；然后，再过一两年，就会出现大量拥有数据科学学位的毕业生。

如果你需要尽早选出这类人该怎么办呢？你仍然可以从高校中选拔这类人才，但仅凭文凭，你可能还是不知道该聘用谁好。正如我所提到的，只有几所学校提供大数据、机器学习和脚本语言（如 Python 编程）等课程，以及有关其他相关技能的课程，而像斯坦福大学和麻省理工学院这类大学仅提供相关的网络课程。

还有另一种选择是从商业分析中找到大量快速发展的高校。它们包括北卡罗来纳州立大学（鼻祖）、西北大学、纽约大学、史蒂文斯理工学院、路易斯安那州立大学、田纳西州立大学、阿拉巴马大学、辛辛那提大学和旧金山大学。弗吉尼亚大学的芭芭拉·威克瑟姆（Barbara Wixom）和其他一些学者编制了一个列表，确定了59所拥有智能商业和业务分析学位或专业的大学，这些大学已经或计划将数据科学内容纳入教学课程中。

如果你是一名大学教授或大数据方面的管理员，就应该关注一下威克瑟姆和她的合作者开展的雇主调查（446雇主）。他们发现，企业最需要的技能是通信，其次才是技术和分析能力。“通信”并不意味着TCP/IP通信协议方面的专业知识，而是有效地将分析结果传达给决策者的能力。

据雇主称，招聘时所面对的最大障碍是，受聘者缺乏商业经验，因此学校应制订有效的实习计划。

如果你是一个急需数据科学家的公司，无论是现在还是未来，不要被动地坐等学生找上门来，而应主动与高校展开合作，告诉他们你需要什么样的人才，为他们提供实习机会。这样，你不仅能找到免费义工，还可以发现优秀的学生并在毕业后聘用他们。为教授提供一些数据，一些真正的大数据，让学生去分析。

如果你真的想在当地高校中产生影响力，最好花点钱资助研究项目或实习计划。

制定一个数据分析师培训计划

在发现和聘请数据科学家时，你还可以使用一些其他方法。例如，易安信公司已经确定，数据科学家将会成为易安信公司及其客户开展大数据工作的一个重要限制因素。因此，它为其员工和客户制订了一个数据科学与数据分析培训计划。该组织已经开始让该培训计划的毕业生参与组织内部的大数据项目，同时还为高校提供了课程教材。IBM 公司也开展了类似的计划。此外，德勤会计事务所也与印第安纳大学凯利商学院（Kelley School of Bussiness）展开合作，以培养具备大数据和分析技能的员工。

鉴于寻找和保留数据科学家的难度，人们想到这样一个好策略：雇用他们担任顾问。许多正在积极开展大数据项目的企业似乎都想聘用属于他们自己的数据科学家，或许是因为担心数据科学家会将他们的重要数据资产泄露给其他企业。近几个月来，我发现咨询机构对数据科学家的需求正在不断增加，尤其是大型企业客户。正如本书第 3 章所述，埃森哲公司、德勤会计事务所和 IBM 公司已经开始雇用和培训大量的数据科学家。一些占据优势的境外公司，如 Mu Sigma 就是一个雇用有成千上万名定量分析师和大量数据科学家的“数据工厂”。

一位数据科学家已经想出了一个创造性的方法来培养新的数据科学家：杰克·克拉玛卡（Jake Klamka，其学术背景是高能物理）发起的数据科学人才培养计划（Insight Data Science Fellows Program）。在这个计划中，科学家们花费六周的时间来学习数据科学家必备的技能。该计划还包括本地公司提供的大数据挑战机会，这些公司包括 Facebook、Twitter、谷歌、领英。“我本来计划培养 10 名数据科学人才，但我收到了 200 多份申请，最终从中挑选了 30 人。”克拉玛卡说，“企业的需求已经显而易见了，只是他们无法获取这样的高素质人才。”

风险投资公司也加入了这场数据科学游戏之中。为了满足企业需求，曾为 Facebook、领英、帕罗奥托网络安全公司（Palo Alto Networks）和工作日公司（Workday）提供过支持的风险投资公司 Greylock Partners 组建了一支招聘团队，主要用来招聘数据科学家。这个团队的带头人丹·波蒂略（Dan Portillo）说：“后期加入的企业对数据科学家的需求空前高涨。一旦它们手上有点儿数据，就需要有人去管理和分析它。10～15 年前的传统人才已不再适合现今的时代了。”

如何留住数据科学家

数据科学家一经雇用，企业可能就不得不面对如何留住他们这一问题。我曾采访过几家网络公司或小型初创企业的数据科学家，他们仅在过去一年的时间内就换了好几次工作。有一个人说：“大约一年之后，你往往会觉得自己已经无用武之地了。”想必企业只是因为某一个项目才雇用这位数据科学家，一年之后这一项目就结束了。还有一个人说：“数据科学家会收到大量的工作邀请函，有时，我一周会从猎头公司那儿收到两三个邀请。机会如此多，他们不断更换工作也就不足为奇了。”

虽然我没有看到过有关如何留住数据科学家的研究，但通常较为有效的方法就是金钱、关系和好的老板。如果你经营着一家大型企业，而且雇用了数据科学家，请确保他们不仅直接负责业务功能和单位，而且也与其他数据科学分析人士相互合作。考虑到他们需要智力上的刺激和发展，留住数据科学家最重要的方法就是，为他们提供良好的数据和有趣的问题，让他们去解决。

在我采访数据科学家时，“影响力”这一问题会经常浮现在我的脑海里。他们想要通过数据对世界产生重大影响。这些数据科学家认为，他们处在一个独特的历史时期，这个时期有着巨大的数据集和强大的工具。正如旧金山奎德公司杰出数据科学家埃米·海内克（Amy Heineike）在接受采访时所说的：

> 如果你能够获取数据和工具，就可以发现一些很酷的东西，但是我们的所知只是冰山一角。真正给我以激励的是创造一些真正有趣的事物的机会，而且，这件事情很重要、有影响力或能流传开来。
>
> 我还感兴趣的是如何让数据科学家在不同的工程团队和公司发挥作用，以及如何通过多样化技能的结合来构建一个高效的数据科学家团队。所以当我评价一种机会时，我会去寻找与公司有关的大量数据，或者可能有助于我们找到数据的重要问题。此外，我想确保有足够的资源可以为数据科学功能提供支持，还有高级管理层的支持。

受访的另一位数据科学家指出，他和他的同事来到这家公司的动机是一致的，即他们都喜欢公司创始人的工作态度：“关键的问题是，创始人具备怎样的分析能力？他们是否有雄心、心胸是否开阔？这是组织分析能力的最终决定因素。如果他们只是以技术和工程为导向，那么这一切就不会发生了。”

虽然数据科学家的报酬通常都很丰厚，但他们似乎更注重工作所带来的挑战和影响，而不是金钱。一位数据科学家曾说：“如果我们想处理结构化的数据，就会去华尔街。”事实上，在 20 世纪 90 年代，大批定量分析师就已经前往华尔街了，他们也就是如今我们所说的数据科学家。

同时，数据科学家，至少就那些我曾采访过的几家网络公司或小型初创企业的数据科学家而言，也认为开发新产品远比为决策者提供建议更能激起工作的积极性。一位科学家将顾问比作“死区”，认为“你所要做的就是告诉其他人数据分析的结果以及他们该做什么”。他们认为，在为客户分析产品上或工作流程中，他们有更多潜在作用。他们还认为，创建产品特性或者至少一个样本都要比为管理层创建演示文稿或编写报告更有价值。

管理者应具备的大数据技能

数据科学家并不是大数据管理和分析方面唯一的关注点，管理者和执行者对决策的产生也有重要的影响。此外，管理者还扮演着领导和构建大数据文化的角色，我将在第 6 章对此展开讨论。

正如我在之前的章节中曾讨论的，大数据有时可用于产品开发或降低成本，而不会用于组织内部决策。然而，当它支持决策时，大数据的体量之大、速度之快往往会使传统的决策方法变得不再适用。当一个组织确定某些见解和影响时，它就会获得更多的新数据。因此，许多组织在分析和决策时必然会采取一种连续性、指示性但确定性不大的方法。

社交媒体分析几乎都不是决定性的；相反，它们提供的是客户对产品、品牌和企业持有的迅速发展的情感趋势。还可用于确定一个小时或一天的在线内容是否与销售变化有关，但当分析即将完成的时候，将会出现更多的新内容。那时，就需要针对基于大数据分析做出什么决策和采取什么行动制定一个明确的标准，尤其是在诸如社会分析等快速变化的领域。

有时，必须要承认的是，数据和分析都不是决定性的。我已经讨论过联合国的 HunchWorks 项目了，这一项目的目的是确定早期的趋势和预感，以决定它们是否值得进一步关注。这也是一种正确的社会情绪分析方法，以此作为一个提示，我们需要开展进一步的调查，而不是特定的行动。

如果基于大数据的分析，你有可能确定但不能完全确定重要的事情可能会发生，这时候可以考虑一下自动化建议。如果有必要，你也可以忽视它。健康保险公司维朋公司（Wellpoint）是这样评价 IBM 的沃森（Watson）工具的："有趣的是，如果基于病人的病史和医疗福利，沃森认为医生或提供者的治疗请求不是最有效的，计算机就会记录下这种不同意见，但它无法凌驾于提供者的决策之上或者拒绝治疗请求。相反，护士则会审核沃森的建议，然后与提供者共同做出决定，是否遵循这种建议。”

用数据化思维来管理

在大数据时代，不仅仅是管理人员需要改变他们的决策。更广泛地说，管理大数据的组织也需要从“工业化”流程和过程的角度来看待数据管理、分析和决策，而不是从离散的股票数据或事件上去看。从历史上来看，数据分析需要大量的时间和人工干预。一旦数据被确认，它就会被提取并加载到数据库中，然后就需要分析师去分析了。通常情况下，分析师将花费大量的时间来推敲、分析和解释这些数据。大多数情况下，他们会以可视化的格式将这些数据显示出来，以便决策者更好地理解。

大数据的数量和速度意味着组织必须开发一种连续的程序来收集、分析、解释和表现数据，至少对多渠道客户“下一个最好的报价”之类的操作应用程序来说是如此，实时识别欺诈，以及为医疗患者的健康风险打分。大多数分析，尤其是对某些决策来说，必须实现自动化或半自动化，这将意味着要将所谓的决策管理或业务流程管理工具融入其中。一些供应商，如IBM和Pegasystems，正朝着一体化的方向发展其软件产品。决策管理专家詹姆斯·泰勒（James Taylor）也在其书籍和博客中就这一问题进行了探讨。

例如，PNC银行一直致力于通过Pegasystems软件创建结构良好的半自动化客户服务程序，并将其提供给所有客户联络点和客户渠道。PNC早在三年前就已经开始使用这个软件了，而且还形成了一致的方法来管理客户产品和关系，最初通过境内渠道，最终也开发了境外渠道。该银行已经可以通过所有主要渠道在一天内将100多万个决策发布给客户。大多数情况下，基于额外通话时间的预测价值，PNC会建议呼叫中心代理加快通话速度。分公司人员通常有更多的时间和场合为其他银行服务和产品推荐产品。每个推荐产品都是针对客户的购买力和先前的行为而决定的。分析模型通常是通过SAS离线模式或通过实时建模能力开发出来的，并通过Pegasystems引擎应用。银行业研究和咨询公司Corporate Insight最近对16家网络营销金融机构进行了评估，PNC银行由于具备这种能力而荣膺第一名。

正如我在本章所提到过的，大数据分析通常会涉及可视化格式的数据。虽然现在有越来越多的技术可以将数据显示在面板上，但可视化分析往往还需要人工解释，而人工解释会占用宝贵的时间。在操作性强的大数据环境中，我们很难说这种耗时耗资的人工解释是非常必要的。我们应尽可能从大数据流程中消除人工操作，或只能将人类的参与范围限制在制定规则和评分算法，以及处理被拒绝的建议和异常情况等方面。当然，在以研究和勘探为导向的应用程序中，还会涉及人类分析这一角色，但这种情况通常只会涉及较为漫长的分析和决策过程。

在涉及快速做出决策的大数据环境中（有时还被称为高性能分析），我们可以利用某些技术来实现更快的数据分析。然而，如果组织的目标是获得价值，它们就需要确定如何来处理这些被释放的额外时间。他们能做出更多的分析来改进他们的模型吗？一家零售公司每天会花费 5 个小时来为新客户开发一个算法模型。通过利用大数据技术，这家公司将模型开发时间降低到了 3 分钟。同样是利用多种建模技术，大数据技术能保证在大约每 30 分钟的时间内完成所有模型的迭代更新。这一技术将模型改进比例从 1.6% 提升到了 2.5%，看似很小的改进，却能为许多客户带来丰厚的收益。此外，还有其他一些利用大数据来改进模型的方法，其中包括使用更多的数据，融入更多的变量，以及通过机器学习方法改进更多种类的模型。

其他一些公司正试图改善大数据分析的整个过程。这一举措的关键就是提高决策和行动的速度，以跟上不断加速的分析进程。

人类和大数据

很明显，人才的技能才是决定你是否能够成功利用大数据的唯一因素。他们在不起眼的地方提取数据，通过编写程序将非结构化的数据转化为结构化的数据，分析数据，解释结果，然后向管理人员提出如何处理数据的建议，所有这一切都是在极短的时间内带着一种紧迫感完成的。

我偶然听到数据科学家预测说，未来的数据将变得不那么重要，因为计算机和软件将会取代许多数据科学功能。一些人认为，“机器学习将取代人工分析”。一些软件供应商声称他们正在发明一种“装在盒子里的数据科学家”。虽然我相信大数据管理和分析领域的技术会不断进步，但我认为，聪明的人类不会就此消失。我发现，即使是那些积极寻求自动化技术（如机器学习）的公司，也会发现它们需要雇用大量机器学习专家。

几十年前，我就曾听说，未来对定量分析师的需求将会越来越少，但这种情况似乎从未发生过。事实上，我曾对成千上百家教育、咨询或研究公司进行过调查，结果发现，从事分析工作的聪明人的人数和他们的分析能力水平这两个变量之间有着很大的相关性。在这个大数据世界中，这种相关性并没有发生变化。我怀疑雇用越来越多的分析师和数据科学家这一趋势（如图 4 - 2 所示）是否仍将以惊人的速度发展下去。

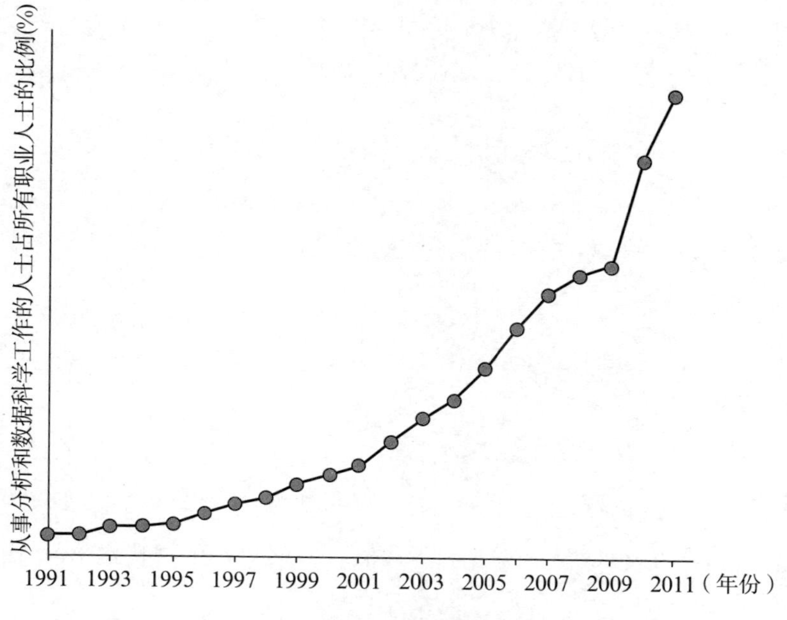

图 4-2　1991—2011 年度分析学和数据科学工作的发展趋势

big
data
数据化转型路线图@
work

大数据时代，人是关键

- 你是否拥有具备黑客、科学家、定量分析师、可信任顾问、业务专家这些综合技能的员工和团队？
- 你为这类人制定的主要策略是什么？聘请这类人的主要策略是什么？你是想从外部雇用还是想在内部培养呢？如果你需要一名顾问，你心中是否有具备这些技能的人选？
- 你计划如何留住这些具备大数据科学技能的人才或团队？
- 你与提供大数据相关课程的大学建立联系了吗？
- 在这个大数据时代，你是否已经开始去想如何留住管理人员来分析、决定和做出有效的行动？

05

big data @ work

创新大数据技术

新技术是让管理和分析大数据成为可能的主要因素。实际上，大数据不仅仅是大量的非结构化数据，还包括使处理和分析大数据成为可能的技术。具体的大数据技术是指分析文本、视频和音频等内容。当大数据技术迅速地变化发展，机器学习等技术也会快速地创建合适的优化和预测数据的统计模型。本章主要介绍大数据技术以及它们带来的变化。表 5-1 概括了本章会提到的大数据技术。

表 5-1 大数据技术概述

技术	定义
Hadoop	跨多个并行服务器处理大数据的开源软件
MapReduce	Hadoop 所基于的架构框架
脚本语言	与大数据兼容性良好的编程语言（如 Python、Pig、Hive 等）
机器学习	快速找出最适合数据集的模型的软件

续前表

技术	定义
可视化分析	以可视化或图形格式呈现分析结果
自然语言处理（NLP）	分析文本、频率、意义等的软件
内存中分析	以更快的速度在计算机内存中处理大数据

如果你想了解大数据技术工作的核心细节，那么你来错了地方。我们在这里谈论的重点不是关于 Hadoop 如何工作的细节，或者 Pig 和 Hive 哪个才是更好的脚本语言，这样的专业知识已经超出了我的技术薪酬等级。相反，我的重点是大数据的整体技术架构，以及它如何与传统的数据库和分析的技术架构共存。

在过去的 10 年，没有任何一种单一的业务发展趋势能像大数据这样，对现在的工厂投资有着如此多的潜在影响。事实上在许多大公司，大数据是增强还是威胁、颠覆传统技术，这取决于你如何看待它。数据存储和处理的方式，以及使用的硬件和软件，被大数据的技术解决方案改变，其中一些技术是新出现的，一些已经存在一段时间，但以不同的方式被应用。在下一节，我将区分这些技术。

大数据技术究竟新在哪里

哪些才是对大数据真正新内容的讨论？答案是能够处理大量非结构化的数据的技术。这确实是新内容，但是它吸引大部分人的注意力，并不意味着它是最值得你关注的。关于大数据技术，最重要的问题是，它如何给你的公司带来价值，即降低成本和提高处理速度，开发新产品或服务，允许可以更好地做出决策的新数据和模型。

尽管如此，在这里放上几段关于大数据构建工具的介绍还是值得的，因为作为一名管理者，你必须决定是否在组织内应用这些工具。大数据技术的新主要体现在，使用传统的数据库软件或单个服务器不能很好地处理这些数据，而大数据可以。传统的关系数据库假设数据是整齐的数字行列，而大数据却有着多样化的格式。因此，出现了新一代的数据处理软件来处理它。你会听到人们经常讨论 Hadoop，它是能将数据分割到多台计算机的开源软件工具集和框架，是能够高度扩展到大量而又复杂数据的统一的存储和处理环境。Hadoop 有时候又被称为 Apache Hadoop，因为它最常见的版本都是被 Apache 软件基金会支持。然而，正如开源软件项目的趋势一样，许多商业供应商也建立了自己的版本，比如有 Cloudera Hadoop、Hortonworks Hadoop、EMC Hadoop、Intel Hadoop 和 Microsoft Hadoop 等。

无论服务器的功能有多强大，海量的大数据都意味着不可能在单个服务器上很快地处理，这是需要 Hadoop 的原因之一。将计算任务拆分到多台服务器可以减少处理时间，比如说一个将许多不同的照片与指定照片比较，找出匹配图片的算法。幸运的是，大数据的兴起，恰逢有着多个甚至数千个计算处理器的商用服务器变得廉价。另一个常用的工具是 MapReduce，它是由谷歌开发的，用于将大数据的处理划分到一组相连计算机节点的框架。Hadoop 包含了一个 MapReduce 的版本。

这些新技术绝不是企业唯一需要关注的。事实上，在过去的几年里，大数据的技术环境已经发生了巨大变化，而且还会继续变化下去。已经出现了新的数据库形式，如柱形或垂直数据库，和新的编程语言，如 Python、Pig 和 Hive 等在大数据中非常流行的交互式脚本语言，以及数据处理的新硬件架构，如大数据设备（专用服务器）和内存内分析[①]。

大数据技术环境与传统的信息管理相比还有另外一个重要的不同之处。在之前的环境中，数据分析的目标是把数据分离到用于分析的单独的池子中，通常是数据库，这其中包含了解决各种目的和主题的大量的各种数据或者数据集市，通常包含一个单一目的或业务功能的较小量数据。**然而大数据的大量和快速意味着它可以迅速突破任何隔离的做法，不要忘了，它有时被称为永远不会停止的、快速流动的河流。**

仅举一例，收集了大量用户点击数据的 eBay，在其数据库中有超过 40PB 的数据，远远超过了大多数企业愿意存储的数量，而且它在 Hadoop 中集群还有更多的数据，似乎没人知道确切的数字，这个数字每天都在变化，但必定超过了 100 GB。

因此，在大数据的技术环境中，许多公司都使用 Hadoop 和类似的技术暂时存储大量的数据，然后生成新的数据。数据的持久性提供了足够的时间做一些基本的分析和探索。这种数据管理方法可能不会取代企业级数据库（EDW）的方法，但至少是它的补充。

① 分析处理完全是在计算机的内存内，而不是在磁盘上读入读出。

对于如何处理大数据，有一个好消息和一个坏消息。好消息是，许多大数据技术是免费的，如开源软件，或者相对便宜的，如商用服务器。硬件和软件技术可以从云中获得，并且以相对较低的成本购买，甚至可能完全免费。

坏消息是，大数据技术的设计和运行是相对劳动密集型的，它们需要技术专家甚至是你本人的大量精力。曾经，大多数企业只有一种方法存储数据，即主机上的关系数据库。而现在和可预见的将来，会有很多新的技术可供选择，你不可能只对 IBM、Oracle、Teradata 或者 SAP 写一个大的检查就能覆盖它们全部。为了避免做出错误的决定，你和你的组织必须进行一些学习。

指出大数据技术没那么新的地方同样重要，那就是它是如何被分析的，我迄今描述的这些技术，要么用来存储大数据，要么把它从非结构化或半结构化的格式转换为典型的行列结构。在这种格式下，尽管数据量很大，但它可以像其他数据一样被分析。采用多个商用服务器分析可能会有用，但是基本的统计和数学算法的变化一点也不大。

这种将非结构化数据转化为结构化的数字的方法也不完全新鲜。举个例子，只要我们还在分析文本、语音和视频数据，就必须将其转换为数字进行分析。这些数字可能传达一种特定模式的词或像素出现的频率，或在文本或语音中传达着正面或负面的情绪。它唯一新的地方在于完成这种转换的成本和速度。但是，除非这些数据被汇总、分析，并通过分析相关联，否则这种转换是没有用的，记住这点很重要。

组织机构用来分析大数据的工具和过去用来分析数据的工具并没有太大不同，它们都包含了或者是专有的（如 SAS 或 SPSS）或者是开源的（如 R 等）基本统计处理的统计程序。尽管如此，大数据分析更可能包含机器学习，而不是传统的分析师或决策者提出了一个假设，然后测试它与数据符合度的、以假设为基础的统计分析。

这种方法也可能被称为自动建模，它使用各种不同的数据模型，以找出最可能符合的。机器学习的好处是，它可以快速生成解释和预测快速变化的数据关系的模型。其不足之处是，它通常得出难以解释和说明的结果，正如我们所知道的，计算机程序会发现某些变量在模型中的重要性，但可能很难解释清楚为什么。尽管如此，在某些情况下，大数据世界的速度和数据量突显了采用机器学习的重要性。

搭建一个大数据栈

如同所有的战略性技术趋势一样，大数据引入了高度专业化的特性，使得它有别于传统系统。图 5-1 显示了大数据堆栈技术层的典型结构。

堆栈的每个组成部分都围绕着大数据的大体量、非结构化或半结构化的性质进行了优化。这些活动部件一起工作，组成了一个专业化调整、高性能处理和存储的整体解决方案。

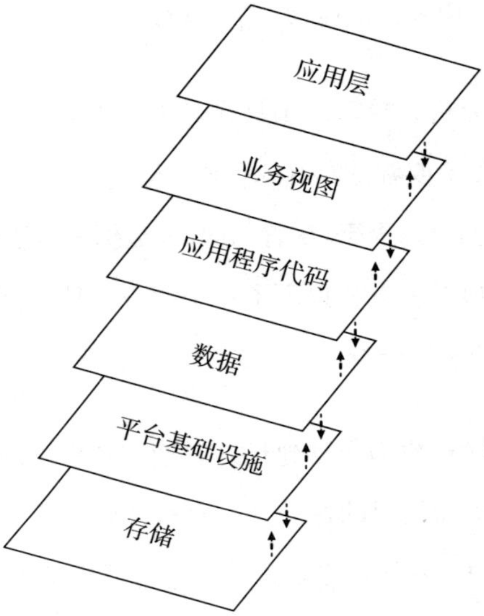

图 5-1　大数据栈

存储

大数据的存储，除了低成本，并没有什么特别之处。随着磁盘技术的日益商品化和高效化，在磁盘上存储大量而多样化的数据变得更具成本效益。

Hadoop 环境的存储通常是在商用服务器的多个磁盘上，不过固态存储仍然过于昂贵。有些公司，比如易安信公司，销售允许快速、廉价地添加磁盘，从而实现存储扩展和数据量增长同步的存储解决方案。事实上，许多 IT 管理者越来越将 Hadoop 看成大量历史数据存档和快速检索的低成本替代方案。

平台基础设施 |

大数据平台通常是大数据的高性能处理功能的集合。该平台包括集成、管理和对数据进行复杂计算处理的功能。通常情况下，大数据平台包含一个 Hadoop 或类似的开源项目基础，你可以把它看成是大数据的执行引擎。它通常有着令人惊讶的能力，正如保险业巨头 USAA 的信息架构师蒂姆·赖利（Tim Riley）在一次采访中指出的：

> 我们一开始就知道 Hadoop 有很多机遇，因此我们将一些数据加载到 Hadoop。经过一些快速的计算之后，我们意识到，刚刚加载的数据已经超过了我们数据库的容量。这太令人惊讶了。

开源技术如 Hadoop 已经成为大数据事实上的处理平台。的确，大数据技术的兴起意味着围绕分析解决方案的人机交互发生了根本性的变化。可以毫无问题地使用传统数据库的公司，其中许多是新兴的高科技公司，现在可以利用一个 Hadoop 平台分解复杂的工作，将大量非结构化数据转化为待分析的结构化数据。

但是，将 Hadoop 看作大数据平台基础架构的最后一部分是不正确的，它是服务于这一目的的工具之一，目前已经有多种新出现的和已经得到很好理解的替代方案，并且将来还会有更多的新选项。正如我将在本章后面讲到的，在大企业，Hadoop 可与传统的企业数据库和以数据集市为基础的平台基础架构共存。

数据 |

大数据涉及的领域和它的应用一样广泛而复杂，举几个例子，大数据可以指人类的基因序列、油井传感器、癌细胞行为、托盘上产品的位置、社交媒体的交互或是患者的生命特征。栈中的数据层表明数据是独立的资产，从而保证可以进行离散的管理和支配。

> 为此，在 2013 年，针对 339 家企业回应的数据管理专业人士的一项调查发现，71% 的人承认他们“尚未开始计划”他们的大数据战略。
>
> 受访者提到对数据质量、协调性、及时性和安全的担忧，这些是采用大数据的重大阻碍，因为它是新出现的，对许多大企业来说有点实验性质，大数据管理的优先级通常落后于小数据。如果一家企业或行业仍然纠结于数据集成和质量，那么它可能还需要一段时间才能领会大数据的真谛。

例如，在只需要输入电子病历系统的医疗保健行业就是这样的。卡罗莱纳医疗保健系统（Carolinas HealthCare）的高级分析副总裁艾伦·奈多（Allen Naidoo）指出：“在整合数据、技术和其他资源的同时，优先考虑分析的类型，这虽然很有挑战性，却至关重要。”事实上，医疗保健提供者计划，只要正式确定了一些关于大数据的更复杂的管理和政策问题，就把遗传学数据添加到了大数据的路线图中。

但就像卡罗莱纳医疗保健系统一样，大多数企业还处于大数据管理方法的初期。这对于内部的结构化数据是一个很难的问题，大多数组织努力解决这些问题，比如“谁拥有我们的客户数据”，或是“谁来负责更新我们产品的主要文件”。由于大数据往往是组织机构外部的，例如互联网、人类的基因组、手机定位传感器，所以它的管理是个很棘手的问题。数据所有权不清晰，加上大多数情况下数据的管理责任尚未明确，在获取大数据道路上我们还需努力一段时间。

应用程序代码，用数据讲故事

正如大数据随业务应用的不同而不同，操作和处理它的代码也会不同。Hadoop 使用 MapReduce 的处理框架，它能将数据分配到各个磁盘，还能对这些数据使用复杂的计算指令。为保持平台的高性能，MapReduce 的指令在大数据平台的不同节点并行处理，然后快速地组合成一个新的数据结构或者是结果的集合。

一个 Hadoop 的大数据应用的例子是，“在社交媒体上找出所有喜欢我们的、有影响力的客户的数量”。文本挖掘程序可能会被广泛应用在社交媒体上，搜索例如“粉丝”“爱”“买”和“真棒”等关键字，合并出一个有积极评价的关键客户的列表。

Apache 的 Pig 和 Hive 是两个开源脚本，它们位于 Hadoop 的上层，为应用代码提供了执行 MapReduce 功能的更高级的语言。Pig 提供了描述如读取、过滤、转换、合并和写入数据等操作的脚本语言，它比 Java 更为高级（即 Pig 的语言 Pig Latin 被翻译成 Java），并有着更高的编程效率。其他一些组织结构则使用 Python 开源脚本语言来完成这一目的。Hive 有着类似的功能，但更加面向批处理，并且可以将数据转换成适合结构化查询语言[①]的形式，这使熟悉该查询语言的分析师有了用武之地。

业务视图 |

堆栈的业务视图层，使得大数据为进一步的分析做好了准备。根据不同的大数据应用，通过 MapReduce 或定制代码，附加处理流程可能被用于构建中间的数据结构，例如统计模型、平面文件、关系表或数据立方体等，所得到的数据结构可以被用于进一步的分析，或通过传统的基于 SQL 的查询工具进行查询。许多厂商正转向所谓的“基于 Hadoop 的 SQL”，仅仅是因为 SQL 已经商业运营了几十年，许多人和有些高级语言知道如何创建 SQL 查询。业务视图确保大数据对组织机构中已经存在的工具和知识型员工来说更易于使用。

应用层 |

在这一层中，大数据处理的结果或者是由业务用户，或者是由使用它们自动决策的其他系统进行分析和显示。正如我在本章前面提到的，数据分析除了更可能通过机器学习（自动模型拟合工具），使用内存技术和高效

① 结构化查询语言（SQL），用于访问和操作数据库中的数据。

能分析环境的快速处理工具，以及可视化分析来完成之外，与传统数据分析没有太大的不同。而所有这些工具都是在大数据栈的这一层派上用场的。

许多用户更喜欢大数据被直观地显示出来，许多传统小型数据分析的用户也是如此。**和以往的专业智能商业技术和麻烦的电子表格不同，数据可视化工具可以让普通商人以一种直观的图形化方式查看信息。**

图 5-2 所示的可视化数据显示了两种不同的数据视图。第一个显示了美国不同区域的通话掉线率，并根据网络技术分组。第二个显示了每小时的通话掉线率的分布都是不同的，比如 4G 网在 17：00 左右掉线率更高。这种信息可能会使网络运营商发现网络问题的症结所在，以及哪些高价值客户会受此影响。

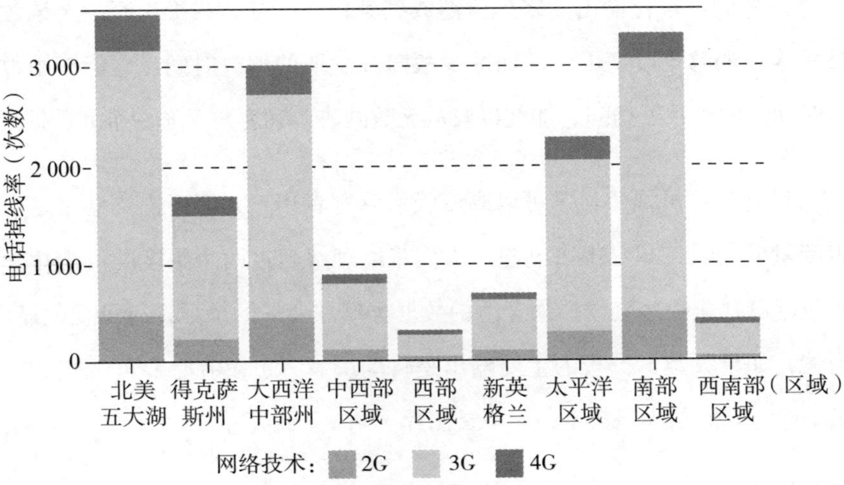

（1）不同区域的通话掉线率

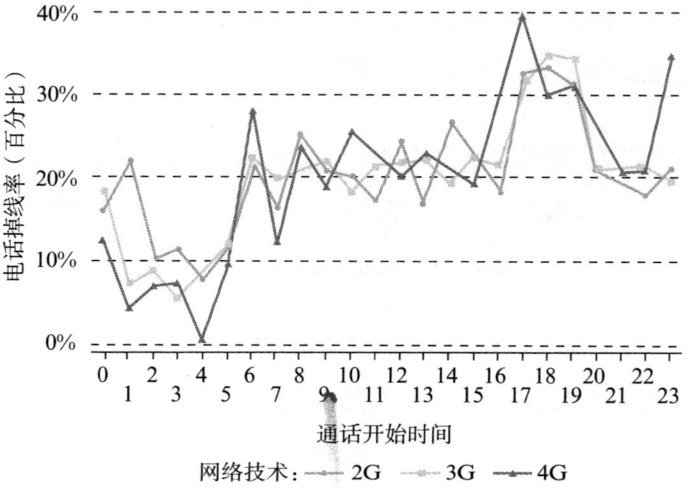

（2）每小时的通话掉线率

图 5-2　无线载体的数据可视化

这样的可视化能由网络运营商放到其台式电脑，或推送至一个该领域技术人员的移动设备上，从而减少故障高发期的解决时间。它能够用很短的时间完成查找、访问、加载以及从无数的账单和客户系统中合并数据。

尽管数据可视化通常可以高度吸引管理者用户，但当主要输出是一个多变量模型时，却更难以创建。人们难以理解超过两个维度的可视化。一些数据可视化程序会选择最合适的数据类型和变量的个数进行可视化显示。当然，如果大数据分析的主要输出是自动决策，也没有必要可视化。计算机宁愿它们的输入是数字，而不是图片。

应用层的另一个可能是，创建一个文本格式的“自动化叙事”（automated

narrative)。大数据的用户经常讨论“用数据讲故事”，但他们并不经常使用叙述。利用叙述科学和自动化见解的公司使用这种方法从原始数据创造故事。自动化叙述最初被这些公司用来写体育竞技的新闻，但也被用于财务数据、营销数据等类型。它的支持者并不认为它会获得诺贝尔文学奖，但他们认为这种工具擅长用数据讲故事，在某些情况下，比人做得还好。

当然，这个栈并不是孤立出现的。在大型的、知名的机构，它必须与其他各种技术共存并集成，以便数据储存和分析，这是下一部分的主题。

集成大数据，让数据流动起来

许多大型知名机构有兴趣利用大数据技术，但也有多种现有的数据环境和技术需要管理。例如，在不断追求了解病人连续护理状况的过程中，卫生保健服务提供者都将目光瞄准了利用大数据技术来驱动病人的生命周期，包括最初遇到的医生和诊断，以及康复、回访。这样的生命周期管理功能包括结构化和非结构化数据，如社交媒体的互动、医生的笔记、放射影像和药房厨房记录，这些可以填充和丰富病人的健康信息。这些数据可被存储到 Hadoop 中，重新注入到运行的系统，或者通过数据库或数据集市为后续的分析做准备。

图 5-3 说明了一个简单的大数据技术环境，它以 Hadoop 为数据存储和处理环境的中心。因为没有管理少量结构化数据的传统技术环境，这可能是一个典型的小型大数据创业公司。

图 5-3 大数据技术的环境

请注意，在这个例子中数据源本身是异构的，涉及多样化的非结构化和结构化数据集，像电子邮件、Web 服务器日志、图像等。这些数据源越来越有可能作为外部数据在防火墙外被发现。拥有一流大数据环境的公司，需要以更快、成本更低的方式来处理大量的非典型数据。试想一下，能源公司处理智能电表的数据流，零售商跟踪店内智能手机的导航路径，领英收集数以百万计的同事建议，这需要多少计算量。

一家游戏软件公司通过在线视频游戏将用户和他们的朋友联系起来的能力。“在大数据之前，我们原有的架构是非常典型的。”接受采访的一位高管解释道：“和大多数公司一样，我们有数据库和大量的 ETL 程序，并且我们的数据是隐蔽的。而这意味着，我们的分析是非常被动的。”该游戏公司不仅调整了其分析技术堆栈，还有其处理数据的原则，开始强调业务相关性和可扩展性。IT 部门采用了 Hadoop 和先进的分析算法来驱动更好的预测，从而优化客户的报价和定价。公司高管解释说：“一旦我们能够真正利用大数据技术，便可以专注于游戏玩家的整体角色，这让玩家的所有数据更准确。给我们一个确定的身份，就能把玩家、游戏、他的朋友、他朋友在玩的游戏、他的支付和购买历史以及他的游戏偏好联系起来。这个数据就是一切信息的黏合剂。”

Hadoop 为这些企业提供了一种方式，使得它们不仅可以快速获取数据，而且还可以处理和存储数据以便利用。由于其优越的性价比，有些企业甚至押宝 Hadoop，作为在某些情况下，还能使用熟悉的 SQL 查询语言，以便让企业用户更方便地使用大数据的数据库替代者。话又说回来，许多大企业已经在现在的分析环境中，如 EWD 架构，投入了数百万美元，没有什么能在短期内取代它们的计划。

今天，大多数大企业在做什么

大多数大企业经典的分析环境包括作为数据源的业务系统、一个数据库，或者理想地整合了一系列分析功能的数据集市的集合，以及可使用临时查询、指示板和数据挖掘做出决策的一套智能商业和分析工具。图 5-4 显示了典型的大公司的数据库系统。

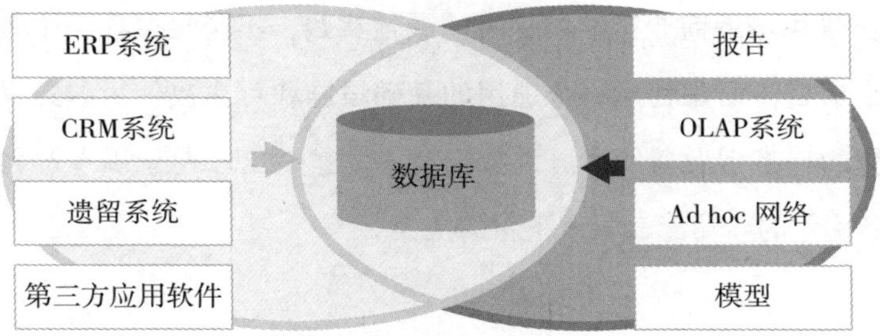

图 5-4　典型的数据环境

事实上，大企业在硬件平台、数据库、ETL（提取、转换和加载）软件、智能商业仪表盘、先进的分析工具、合同维护、升级、中间设备和存储系统上面，投入了数百万美元，这些构成了功能强大的企业级数据库环境。

在最好的情况下，这些环境有助于企业通过渠道和人际关系了解客户的消费模式和行为模式，简化销售流程，优化产品定价和包装，并带来更多的相关前景，从而提升自己的品牌价值。在最坏的情况下，企业过度投资这些技术，以致无法收回成本，它们的数据库基础设施不得不成为边际商业价值的沉没成本。

一家企业的分析环境越成熟，越有可能代表一段交织着成功与失败的历史。作为一个普及的、易于访问的数据库，EDW 不仅用于待分析的数据，还用于生产事务系统中的数据。在某些情况下，EDW 已经成了自己成功的受害者。这样使用 EDW 的组织，可能把大数据工具当成了卸载他们数据库中冗余数据的一种方法。尽管 Hadoop 和其他大数据技术完全取代数据库似乎不大可能，但这些技术显著地增加了组织的选择。

组织机构接近商业智能和分析的最佳实践，不是集中在一个集中式平台的单个项目，而是利用一个通用的基础设施和可重复使用的数据，并随时间布置的一系列业务能力。大数据技术为扩展这一愿景以及部署现有系统中未经优化的新功能，引入了新的机会。

把碎片放到一起

在数据库上有着大量投入的企业，通常没有资源也没有意愿去更换按照规划工作的良好环境。在大多数企业，将最好的传统数据库和分析环境与新的、强大的大数据解决方案相结合是个两全其美的共存策略，如图 5-5 所示。

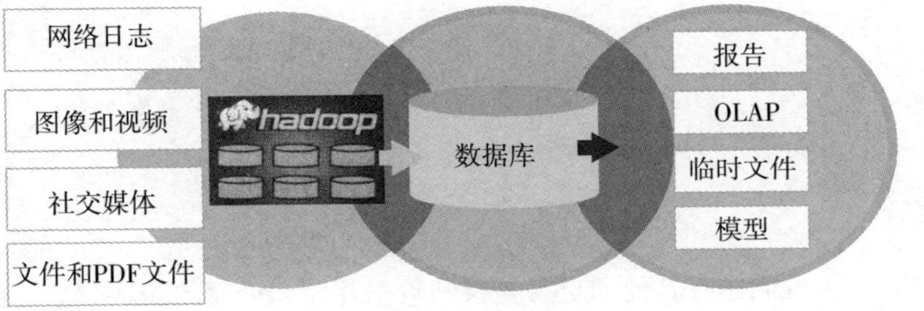

图 5-5 大数据和数据库

选择合适的平台

许多公司继续依靠现有的数据库来生成标准的商业智能分析报告，包括区域销售报告、客户跟踪表或信用风险历史。在这个新环境中，数据库可以继续它的标准工作，即使用传统业务系统的数据，保存历史数据，提供智能商业分析结果。但是当需要大量计算处理或原始数据探索时，这些业务系统也可以填充到大数据环境中。一家企业可以依据平台的用途，将工作放到合适的平台。

数据环境的这种共存，在促进可以从速度中受益的新的或者战略性业务流程的同时，将对现有的分析功能的破坏减至最小。图 5-5 所示可以作为企业级数据库的数据源的大数据环境。作为另一种可能性，对于最终填充数据库进行后续分析的数据，Hadoop 可以作为被企业称为的“数据提炼过程中的第一阶段”和探索区域。虽然还有其他可能的探索平台，例如 Teradata Aster 设备，但许多组织已经将 Hadoop 作为数据转化、探索、发现模式和趋势的第一个“预处理”步骤。

大企业可能还有其他的更为复杂的数据存储和处理的备选方案。例如，我访问的一家大型银行有 4 个可选方案：Hadoop 集群，一个 Teradata Aster 大数据设备，一个几乎没有数据管理限制的“轻量级”数据库和一个“重量级”的 EDW。为什么会有这么多？每种选择的结果又会如何？

首先，这家银行拥有一个大型的 Teradata EDW。和许多这种环境一样，这不是一个快速灵活地存放数据的地方，尤其是当数据是相对非结构化的时候。非结构化数据的兴起，使得关系数据模型不再适应，而这又是几乎所有的 EDW 功能的基础。ETL 从交易系统获取数据，再放入 EDW，这个过程有点繁琐，但当有海量的高速数据时，它就成了真正的问题。尽管如此，EDW 仍然是倾向评分和实时检测欺诈等以分析为重点的生产级应用的最佳选择。

该银行也有一些小的、数据输入和输出没那么结构化的 Teradata 数据库，被非正式地称为“Teradata 精简版”。这些数据库通常小得多，也更集中，接近“集市”的分类，并且数据是不敏感和非持久的。因此对于有待分析的数据，这是两种可选的存储方案。

第三种方案又会怎样呢？和许多其他公司一样，该银行喜欢 Hadoop 集群的价格和性能，所以也投资了一个。结果证明，这是一个探索和存储数据并能做初步分析的快速而又廉价的工具。然而，Hadoop 平台几乎没有安全性、备份、版本控制或其他的数据管理卫生功能，所以它只适合于数据探索和非必须、非安全数据的初期存储。而使用这个工具，需要诸如 Hadoop、MapReduce 和脚本语言知识等相关的专业技能，银行管理者想知道这些技能的代价是否远远超过这个平台硬件和软件节约的成本，但是一直还没有一个正式的核算。

不过，该银行收购了从 Terdata Aster 中探索大数据的另一个平台，这是一个可以快速处理数据，例如从网上银行网页识别用户会话，以及对数据有分析功能的平台。分析人员可以为这个平台编写 SQL 查询语言，而不需要学习新的而又昂贵的技能，这使得银行很满意。

所以这 4 个方案各有长处，一些旨在长期存储数据，一些则旨在短期存储；一些是为了探索，一些则是为了生产；一些允许在平台内进行大量的分析工作，一些则要在平台外部。银行正在创建清晰的方案，决定不同类型数据的去向。有这些数据管理方案可以选择的确是件值得高兴的事，但是不可否认的是，这家银行目前的环境比过去盛行的环境复杂得多，在被简化之前，它可能还会变得更复杂。

到 2013 年年底，地球上将有比人口还多的移动设备，这将会创造大量的机会，也会带来更复杂的问题。一系列利用数据的新技术，使企业更充分地了解了消费者的行为和喜好，无论是现在的消费者还是将来的消费者。大数据技术不仅使规模较大的数据量更具有成本效益，还支持了一系列新数据和设备。企业的视野有多大，这些技术就有多灵活。

通过局限在特定范围内的一系列业务问题，正在考虑利用大数据的企业会更加明确与大数据相关的功能和大数据项目的方向，也更明确哪些服务提供商会帮它们解决这些问题。这种方法会告诉你，是购买新的大数据技术，还是重构现有的以适应大数据的新世界。

大数据技术缔造关键解决方案

- 如果你不在IT部门，你是否已经与该部门讨论过，如何在现有的IT架构中添加大数据功能？
- 你是否已经确认，初始的业务问题是大数据技术可以提供帮助的？
- 你是否建立起了正确的技术结构和实施技能，来开发或制定满足需求的大数据解决方案？
- 这些新的解决方案是否需要和现有的平台交互？如果是，又该如何实现？有没有可以给你一个好的开始的开源项目和工具呢？
- 假设一举获得所有的大数据技术是不现实的，那么你能制定获取关键大数据方案的步骤及计算出每一步的预算吗？

06 big data @ work

DELTA模型，数据化转型5要素

在本章中，我会介绍除了技术之外，利用大数据取得成功的其他5个关键要素。虽然在其他章里，我已经讨论过其中的一些问题，但是这一章我会给出一个更为全面的讨论。因为第7章和第8章会分别介绍大数据在小（在线）公司和大公司的应用，所以在本章的描述当中，我不会针对某种特定规模的组织。简言之，本章所描述的内容适用于任何规模的组织。

聚焦 DELTA 模型

多年前，我为了构建组织分析的能力而开发了DELTA模型，即数据、企业、领导力、目标以及数据分析师。喜闻乐见的是，在过去的几年里，这个模型已经被多个组织广为使用。DELTA模型也是国际分析组织的基础评估工具。在《数据化变革》一书中，我已经详细地描述了DELTA模型，在此我就不再多加描述，毕竟，它适用的是传统数据分析。不过，对比模型中的 5 大要素在大数据和传统数据分析应用上的差异，这个模型可能对我们有所帮助。

其中一个差异就是，对大数据来说，各要素的重要程度有所不同（见图 6-1）。在接下来的内容中，我会解释为什么重要程度会有所差异，大数据看重的又是每个要素中的哪个部分。

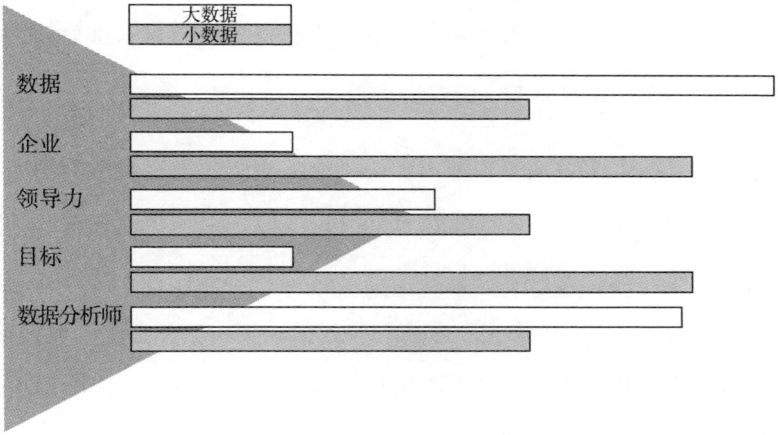

图 6-1　适用于传统数据分析和大数据的 DELTA 模型

数据的数据

当然，数据本身是大数据整体计划是否成功的最重要因素之一。图 6-1 表明，数据在大数据环境下比在传统数据分析的小数据中受到更多的关注。毋庸置疑，如果你没有数据，在大数据中将寸步难行。“数据”除了是“大数据”这个名词的组成部分之外，它还是大数据本身尤为重要的构成部分，因为大数据的重点就是捕获、处理并结构化数据以用于分析。

许多大数据项目中与数据相关的工作都需要做前期分析：识别数据可能的来源，将非结构化的数据结构化，将多个来源的数据集成一个数据集。许多组织将这些工作称为数据科学的基本工作。除了数据集成工作，这些工作在传统数据分析当中并没有那么常见。当然，有一些工作，例如新型数据和专有数据的识别，无论是在大数据还是传统数据分析领域都相当重要，甚至也存在一些在传统数据分析领域比在大数据领域做得更好的数据管理工作。

迄今为止，大多数从事大数据相关工作的组织还没有着手处理大量的传统数据管理工作，包括第 5 章提及的管理。但是，一些领先企业已经将传统数据管理的优点与科学数据活动结合起来。对于致力于把大数据当成长期战略竞争优势的企业来说，掌握扎实的数据架构、元数据、数据质量、数据校验过程、数据管理、仪表盘管理、主数据管理中心、匹配算法以及其他众多数据相关的专业知识非常重要。最具管理意识的企业将开发兼顾所有数据类型的处理方式。USAA 保险公司就是其中之一，该保险公司的信息架构师蒂姆·赖利在接受采访时发表评论说：

> 我们正在大数据进程中建立数据管理，正在通过增加元数据以及数据按级分类来了解数据使用和数据消费情况，以处理从未处理过的新型数据，正在获取推进这些工作的进程需要收集的特征和元内容。

商业智能贸易管理公司（BI Delivery and Governance）的执行董事香农·吉尔伯特（Shannon Gilbert）说过：

> 我们的数据管理工作将会遍及全社会。它应用于我们的数据仓储、电子市场，甚至是操作系统。归根结底，我们将数据视为企业资产的一部分，我们也是这样做的，无论进行的是什么样的数据应用。

可是，这些管理工作无疑代表着理想化的活动，因为一些业务部门（与IT部门相对应）可能对数据管理能力并不太感兴趣，事实上当IT部门试着实施数据管理时，我听到了抱怨的声音，虽然在USAA保险公司并没有听到类似的声音。一位银行技术专家表示，银行追求的是更为快速的探索大数据的方法。之后，他沮丧地说："可是当我们将数据交给IT部门处理之后，他们却大大降低了数据探索的速度。"**数据管理、数据安全以及数据的可靠性都将是心急的数据科学家以及大数据拥护者与IT部门存在冲突的地方。**

我通常会将分析技术归在DELTA模型的数据分类下。然而，在大数据背景下，技术本身已经足够重要到自成一类。在第5章中，我已经介绍过大数据技术，因此就不再详述。但是如果你打算用DELTA模型去评估或者改善你的大数据能力，可能会想将DELTA改成DELTTA，其中多出来的一个T，代表的就是"技术"。

企业的大数据定位

在传统数据分析中，为实现分析目标，在整个企业内设定一个重点，即分享数据、技术和人才，是非常重要的。但是对于早期的大数据采纳者（主要是新兴公司和在线公司）来说，这根本不是问题，人们只急着想推进一些大数据相关的工作，而对于这些工作究竟和其他大数据以及分析项目之间存在着什么关系并不是很在意。

甚至在一定程度上，这种现象在采用了大数据程序的大企业中依然盛行，因为这些企业通常还处于大数据应用的早期阶段，即还处于验证理论或进行数据挖掘的阶段，还未进入全面生产应用的阶段，而实现资源的合理配置以及跨项目协同还需要一点时间。

然后正如我将在第 8 章中论述的一样，有一种因素促使了更多的企业协作：大型企业中大数据和传统数据分析的结合。我采访过 20 家从事大数据项目的大型企业，它们都结合了大数据和传统数据分析，使用一系列的混合技术解决大数据和传统数据分析的问题。我相信，这是一件好事情，不过，拥有大数据分析和传统数据分析并行的能力既会造成融合也会带来困惑。

不过在当下，除了结合使用大数据和传统数据分析以外，大企业在整个企业内部实现大数据项目的高度协作的情况并不常见。当然，大部分企业如果从事的不是线上业务，那么一般只会有一两个大数据项目，因此也就对协作没有强烈的欲望和需求。在未来，我们可能会看到企业的不同部门和团队从事多个大数据项目，此时，企业对于项目协作的需求就会增强，就像从事传统的数据分析项目时一样。但是目前，这不是需要重点关心的问题。

数据领导力

传统数据分析项目成功的关键是领导力，同样地，这也是大数据成功的关键。我们并没有多少关于企业领导者在大数据上投入大量财力的例子，因此在图 6-1 的领导力一项上，我给了小数据微弱的优势。不过，我们可以总结大数据领先企业在领导力上采用了什么样的方法，很显然，它们所采用的方法起码和传统数据分析中的领先企业所采用的方法是有所不同的。

大数据领导力的一个重要特性似乎是一种支持利用数据进行大规模实验性活动的意愿。至少在当下，大数据需要依靠经验得来的信念。在大数据项目上的投入很难预先计算投资回报率（return on investment，简称 ROI），特别是当涉及新产品、新服务或者更迅速的决策时。这种情况在发现阶段尤其如此。正如阿斯特数据公司（Aster Data，现已更名为天睿资讯公司）的联合创始人塔索·安吉罗斯（Tasso Argyros）所说：“在发现阶段很少有所谓预算一说。”

然而，也有一些领导者愿意冒着风险毅然决然地进入大数据领域。例如，领英的联合创始人，也曾是 PayPal 创始人之一的里德·霍夫曼认为，挖掘在线交易数据的价值能够创造巨大的机遇。因此，霍夫曼决定为公司的产品设计团队引进数据科学家，这主要是他的决定，他鼓励他们不仅要尝试开发新的产品和服务，而且当他们的想法在项目推进过程中或者受到了公司制度的限制的时候，可以直接与他联系。

这正是霍夫曼帮助领英招募的数据科学家乔纳森·戈德曼（Jonathan Goldman）所做的，在他的一个关于应用的新想法在实践时遇到困难的情况下直接与霍夫曼联系，然后这个想法成了现在领英上“你可能认识的人”（PYMK）这一功能。这个功能会向你推荐与你背景相似、你可能愿意在网络上结识的人。戈德曼创立了初期的 PYMK 模型，但是在产品设计团队把这个模型融入领英的网站的过程中遇到了困难，或者说甚至是在说服产品设计团队进行这种尝试的时候就遇到了困难。

在戈德曼将他的难题与霍夫曼交流了之后，霍夫曼允许他在领英的网站上创建一些测试广告。这些广告的点击率前所未有得高。戈德曼不断完善推荐方法，并且融入了一些网络化概念，如三角闭合，即当你既认识劳瑞又认识苏珊的时候，那么很有可能劳瑞和苏珊也相互认识。戈德曼和他的团队还实现了让用户一键完成对推荐的响应。

领英的高管很快就决定将“你可能认识的人”变成领英的一项标准功能。至此，这项功能真正为领英带来了飞跃式发展。我已经在第 1 章中提到过，“你可能认识的人”这项功能推荐的信息所获得的点击率比其他为了让用户重新访问网站而推送的信息高 30%。数百万的用户因为这项功能的存在而重新访问网站。正因为这项功能，领英的增长轨迹出现了陡坡式增长的趋势，这项功能为领英增加了数百万的新用户。如果没有戈德曼的想法以及霍夫曼的支持，这一切都不可能实现。

当然，并不是所有的数据科学家都需要直接和企业一把手进行交流，但是在大数据时代的早期，企业高管开通一个能够让数据科学家与之交换意见的渠道，并没有什么坏处。对此实验感兴趣的一部分原因是为了扫清实现创新想法和产品的障碍。

数据密集型企业中的领先企业也需要有一定的耐心，它们可能需要在数据中“瞎玩”很久之后才会有所回报，甚至可能需要保存数据很多年才能挖掘出数据的价值。亚马逊的杰夫·贝佐斯（Jeff Bezos）有句名言：“我们从不丢弃数据。”就是因为指不定某些数据在公司推出某种产品或服务的时候就变得很重要。

big data 智能商业的未来@work

为大数据部门设立高级管理岗

大数据企业可能也需要一些新兴高级管理者职位。虽然据我所知，并没有像“大数据高级副总裁”（Senior Vice Presidents of Big Data）这样的职位，但是有许多职位包含有这个职能，举个例子，直觉公司（Intuit）的诺拉·丹泽尔（Nora Denzel）就不仅是市场部高级副总裁，同时还是大数据和社交设计副总裁，事实上大数据应该放在第一位，所以他真正的头衔应该是“大数据、社交设计和市场部高级副总裁”。当然，将这些职位合而为一并非毫无理由，就比如在直觉公司，大数据技术用于改善网站、建立客户忠诚度和提高客户满意度，而事实上这都是市场营销的目的。

直觉公司拥有基于大数据开发产品、服务和功能的大量追踪记录。例如，税务处理应用程序特波税务软件（TurboTax）会根据以往的客户体验来提醒用户他们的纳税申报会如何被审计。在会计程序包 Quickbooks 中，用户购买的产品和财务记录清单是针对性提供产品折扣（也称为轻松省钱）的基础。Quickbooks 和 Mint 都是直觉公司收购的个人理财网站，它们让企业主清楚公司的业绩表现以及产品成本和其他小事之间的关系。

在其他公司也有新的高级管理职位，这些职位涉及大数据和分析学的结合。举个例子，保险巨头美国国际集团（AIG）就邀请了长期以来的分析学领头人穆利·布勒斯瓦（Murli Buluswar）担任其首席科学官，而布勒斯瓦也就成了日益壮大的大公司分析高管中的一员。布勒斯瓦监管不同的分析项目和小组，同时涉及大数据和小数据。他的员工包括数据科学家和传统定量分析师。他在一次采访中说：“从美国国际集团的科学部门创建开始，传统数据分析和大数据就是我们同时关注的重点。我们运用结构化和非结构化数据，开源以及传统分析工具，致力于解决传统的保险分析问题，例如定价优化，并同时与麻省理工学院合作解决一些独特的大数据问题。这将成为一种综合方法。”

我们已经开始看到更多这样的职位，并带有多种多样的特有头衔。其中一个就是首席数据官（CDO），这个职位在大型银行里已经相当普遍。整体而言，我认为将数据管理和数据应用（也就是分析）结合是一个好主意。然而在实践中，大多数首席数据官将主要精力用于数据管理，而不是数据分析上。他们中的大多数人也没有强大的分析背景作为支撑。

当然，也有一些例外，艾可飞公司（Equifax）的首席数据官约翰·卡特（John Carter）就在克服许多数据管理问题的同时带领公司构建数据分析能力。卡特具有统计学博士学位，不过现在他在嘉信理财（Charles Schwab）担任的职位有点不一样，他是负责分析、洞察力和忠诚度的高级副总裁，这要求他将自己的工作重心更多地放在公司应该用大数据做什么这个问题上。在eBay公司还有另一种新的分析密集型职位，西尔斯百货零售公司（Sears）分析部门的带头人佐哈尔·卡鲁（Zoher Karu）将出任eBay客户优化和数据部门的副总裁。卡鲁告诉我，对这份工作最初的描述是要进行客户分析，但是他认为，“优化”这个词更能体现其想要达到的效果。其他公司，例如麦格劳希尔集团（McGraw-Hill）创建了首席数字官这个职位，旨在同时倡导大数据、分析以及管理在线渠道。美国银行和国富银行也有职位融合了这些职位的功能，虽然它们采用的职位名称有所不同。

还有纯粹的分析相关的高管级别的职位。费埃哲公司（FICO）、匹兹堡大学医疗中心以及2012年奥巴马竞选委员会这三个组织都任命了首席分析官。如果你想认真地开展分析工作，而不只是做大数据所需的数据管理工作，而且还想在组织内部的多个部门和团队中进行分析工作的话，那么我建议，也在组织内部提供类似的岗位和头衔。

大数据的目标

目标意味着企业需要明确要将大数据和传统数据分析用在企业的哪些方面。就较高的层次而言，这两者会应用到供应链决策、客户决策、财务决策、人力资源决策，或其他一些领域吗？一旦企业将客户决策放在了优先的位置，那么接着就要对根据类别进行客户细分、创建更精准的目标客户产品，确定可能流失或离开的客户，奖励最忠诚的客户等活动进行优化排名。人们不能简单、即时地对一切事物进行分析，所以目标的选择是一个必要的过程。

然而，在两者共存的短暂历史中，相比大数据来说，传统数据分析更重视目标的确定。在大数据项目中，许多企业只想尝试一些事物，看它是否会奏效，这仍处于概念验证阶段。通常一些大数据项目之所以被企业选中进行，则是因为它们实施较为方便或者因为企业主或利益相关者愿意进行尝试。很少有企业在某项工作开始之前做出协调一致的努力，以确定最重要的或者战略性项目是什么。

尽管迄今仍缺乏对目标的重视，但是显然，一个企业无法立即处理所有的大数据，也不能立即将大数据应用于所有可能受益于大数据的业务领域。因此，确定目标是一项不可或缺的工作。你的管理团队需要找出以下一些问题的答案：

- 我们可以在哪里找到未被挖掘的重要数据资源？
- 哪些业务流程最需要更好的决策？
- 我们会在何处受益于更快的决策？
- 我们是在处理大量的数据，而这些数据能在大数据技术降低成本方面能受益吗？
- 我们怎样创建基于数据的产品和服务，跟我们业务的哪些部分最相关且最有用？
- 在我们所处的行业，有人使用大数据的方式对我们造成不利影响吗？如果是的话，他们是如何使用大数据的呢？

由于大数据的挖掘可能涉及新产品和新服务（除了内部决策支持），因此有可能需要更多地整合大数据初始目标、产品开发和策略制定的过程。如果你正在开发一个新产品，是否有与之相关的大数据，也许是以服务的形式出现。如果你正在思考你所在行业的颠覆性创新，大数据怎样有助于它们呢？

数据分析师

在第 4 章中，我们已经谈论了大数据在人员方面的问题。这里唯一要解决的问题是：聪明睿智的分析师是否在大数据中比在传统数据分析中更为重要呢？现在，我们更多的是强调大数据中的数据科学家，正如过去强调分析学中的定量分析师一样。但是这并不是因为他们更为重要，只是因为他们更为难找，而且他们有着迷人的新头衔。一个成功的数据科学家需要具备技术和分析能力，正如我在第 4 章所说的，这种人很稀少，所以很难招募到。另外，不管你使用什么样的数据，都需要聪明、能干的人去做业务分析。如果你的企业正在围绕大数据和分析学展开工作，如谷歌、通用电气公司、领英等我经常在本书中提到的家喻户晓的企业，那么就需要成千上百位分析人才。

至关重要的大数据文化

当我在与珍妮·哈里斯和鲍勃·莫里森合著《数据化变革》一书的时候，最初的想法是既描述 DELTA 模型，又描述 FORCE 模型，后者不仅首字母缩写合成词有点愚蠢，而且用于构建，特别是维持分析能力的方法过于复杂。在历史记录方面，FORCE 模型就主张：

- 基于事实的决策制定；
- 分析师团队和其他资源业务设想和分析模型的不断复审；
- 加强分析决策和测试学习的文化氛围；
- 在主要业务流程中嵌入分析学。

所有的这些因素对大数据来说都同样重要，其中的大部分因素会在本书中的其他部分进行讨论。在这一部分，我只会讨论两个字母，即两个问题：C 分析和 E 分析。C 指的是分析文化，E 指的是在主要业务流程中嵌入分析以及大数据。我在《数据化变革》一书的后几个章节中讨论过这两个因素，因此你可以参照这本书中关于传统数据分析的这两个因素。以下部分涉及一些特别的大数据问题。

大数据文化的 5 大特征 |

大数据文化是否存在？或者更确切地说，大数据文化与分析型文化有什么差异？这种差异是微小的，一个想在大数据上获得成功的企业采用强调分析和基于事实的决策文化也是不错的选择。不过，我观察到了一些大数据文化的特征。

特征 1：对现状的紧迫感。这个特征普遍存在于任何类型以及任何规模的成功企业身上，不过在刚成立的大数据初创公司身上尤为突出。我采访过的数据科学家以及企业领导者，他们都坚信大数据市场正处于抢占地盘的阶段，动作快的企业将抢占先机。这就导致那些急不可耐的个人会迅速采取行动，抢占先机，如果他们所在的企业反应不够及时的话。

特征 2：非常重视创新和探索。大数据企业在持续不断地创新、探索以及实验，以了解关于企业运营和客户的更多信息。谷歌也许称得上是全球第一家大数据公司，因此它设定了大数据文化的基调。谷歌鼓励所有员工创新，并给予工程师一定的时间去研究新产品。据谷歌的首席经济学家哈尔·瓦里安称，谷歌每年会进行数以万计的控制实验，基本上一半的实验是关于搜索引擎的创新，一半是关于广告的。谷歌甚至试着让广告商（通过一个名为广告活动实验的项目）和出版商自己进行更多的实验。

特征 3：相信技术是突破的源泉。对许多早期的大数据采纳者来说，技术创新与数据创新一样重要，如谷歌、雅虎以及 Facebook 等类似的企业都鼓励数据科学家开发新的工具，甚至将它们作为开源项目，如 MapReduce、Hadoop、Pig 以及 Hive 等都源于这些公司，向大众开放。谷歌和亚马逊不仅是软件领域的先驱者，它们在硬件技术和数据核心技术的发展上也遥遥领先。领英的数据科学家认为他们都曾受益于开源技术，因此他们也决定开放自己的部分技术作为开源项目。大数据早期的采纳者很可能会持续进行技术创新，其中至少部分公司会与外界共享它们的技术创新成果。我将在第 7 章进一步描述初创公司和网络公司的大数据特征。

特征 4：具备奉献精神。大数据领域的企业领导者愿意献身于大胆、开创性的目标，在大企业处于大数据应用早期的时候，尤其如此。谷歌致力于让基于大数据的无人驾驶汽车成为现实。通用电气公司的管理团队和董事会愿意花数十亿美元来构建企业在软件和大数据方面的能力。即便是对于通用电气公司这样的巨头企业来说，这也是巨大的投入。如果你的企业还没有在高级管理层或者董事会上讨论大数据技术，这可能是一个你需要解决的问题。

特征 5：实施扁平化管理以及精英式管理的组织。大数据早期的使用者认为好点子来源于组织的任何地方或者任何人。霍夫曼等人创立的领英是开发大数据新产品以及新服务最为成功的企业之一，而在前文中我已经介绍过，霍夫曼是如何让戈德曼拥有权力开发“你可能认识的人”这一功能的。这种精英授权思想是霍夫曼的个人哲学。他说：

我想让专业人才拥有更多的成功机会，并且在整个行业和国家范围内，提升人类的生产力。惠普曾为硅谷设立原始标杆，即硅谷是一个高素质人才工作的地方，而且这些高素质人才在硅谷的工作经验会为他们的余生带来好处，即便他们离开硅谷走上了其他发展道路。而我想打造的就是这样一家企业。

当然，现在谈论大数据企业的文化以及特征还为时过早。一些企业高管可能会认为，仅仅为了推动大数据项目的发展而改变企业文化、领导阶层等，是一种主次颠倒、不分轻重的行为。不过，我不敢苟同，因为在我看来，大数据作为一种巨大的商业资源，值得我们为它做出这些改变。

大数据嵌入|

我想谈论FORCE中的另外一个词是嵌入，它指的是将大数据以及基于大数据的分析嵌入企业的关键运营过程和决策流程中。我指的不是全自动化流程，人类仍然能够通过自动化系统审查和重载设定好的行为，但是通过自动化来保证分析和大数据的及时性和有效性是很重要的。

随着大数据以及基于大数据的分析在社会和企业内部的日益广泛应用，我们根本没有时间和人力将这些应用成果呈现给决策制定者以作为决策制定的参考，而我们也知晓了越来越多的人类决策的不合理流程，那么在多数情况下，为什么我们不采用更加自动化的分析决策呢?

大数据出现的时候，小数据时代的自动化分析才刚刚起步。现在，我们除了将大数据嵌入业务流程以外，别无选择，有些分析师将这称为智能BPM（业务流程管理），还有一些分析师，像詹姆斯·泰勒，将之称为企业决策管理(enterprise decision management)。不管我们给它冠上什么样的名头，未来，大数据嵌入需要应用得更广泛。在金融服务行业中，大数据嵌入已经得到了体现，但是在其他行业中大数据嵌入还需要更多的发展。

我们不妨以希思罗机场（Heathrow Airport Holdings）开发的管理飞机起飞和降落的应用程序为例来进行说明，该机场原名为英国机场管理公司(British Airport Authority)。希思罗机场每年有 6 500 万乘客，每天有 1 300 个航班占用 98% 的机场跑道，所以怎么快速制定良好的飞机起飞和降落相关的决策是其成功的关键。举个例子，缩短飞机在地面滑行的时间，每年能够减少数千吨的二氧化碳排放量。

希思罗机场已经运用半自动化的飞行操作管理系统很多年了，这个系统被称为机场协调决策系统（Airport Collaborative Decision Making，简称为 ACDM)。该系统采用一组决策规定和流程，能够自动地创建和动态地管理所有的飞机操作，包括精准的飞机着陆时间、滑向哪个登机口、需要卸载的行李的数量、什么时候给飞机加油以及飞机什么时候返回和起飞等。

在智能 BPM 系统的使用过程中，希思罗机场花费了两个月多一点的时间将第一阶段的系统搭建好后，便立即改善了机场的准时起飞率，从 60% 提升到了 85%。

为了提高系统的运行性能，在决策法则中补充了预测和最优化模型。

现在，希思罗机场的系统已经和欧洲机场网络结合起来，因此能够得到更多飞机起飞和降落相关的数据。随着大数据时代的到来，该系统将包含更多的传感器数据，这些数据来自跑道、飞机以及车辆，如运油车和行李车。如果没有自动化程序，人类是无法处理这些数据的。

显然，大数据和分析各不相干的时代已经接近尾声。大数据分析的输出对象将日益转变成电脑,而非个人或者人类。电脑不仅可以为人生成指令，还能为其他机器生成指令，这将产生更多的操作和运行数据。

最后一个离开大数据大厦的人，还会去关灯吗？

big
data
数据化转型路线图@
work

如何成功转型为一家数据公司

- 你是否拥有一个能解决关键业务问题的很好的数据集？
- 你是否已经开始在整个企业内部协调大数据和数据分析项目？
- 你和企业高管是否为大数据和数据分析配备了强大的、充满激情的领导团队？
- 你是否为自己的大数据工作设定了一系列的前进目标？
- 你是否具有科学家和分析师需要的数据？
- 你的企业内部是否具备支持基于大数据制定决策和开发新产品、新服务的文化？
- 你已经开始将大数据分析嵌入自动化系统和流程中了吗？

big
data
@
work

第三部分

共享，破除数据孤岛

07 big data @ work

无处不在的创新，创业公司和网络公司告诉我们的事

最早的大数据活动大部分在提供网络产品和服务的公司中进行，如谷歌、eBay、雅虎、Facebook、领英以及其他常见的网络公司，也包括互联网或相关行业的创业公司。这些公司为我们做出了巨大的贡献，它们建立了数据科学以及其他大数据学科的功能。在这一章，我将对这些大数据早期采用者进行研究，总结经验以供我们学习，虽然不可能所有的经验都有用，但至少可以提供借鉴。如果你在一家大型银行工作，别担心，你并没有被忽略掉，第 8 章就介绍了大数据在像你公司一样的大企业里是如何被应用的。为了更详细地介绍我所研究的大小企业的大数据应用背景，我在最后这两章开发了一系列简短的案例分析。

创业公司和网络公司在大数据方面是白纸一张。因为这些公司大多是新成立的，从一开始就处理数据业务，它们不必太过担心如何将大数据与小规模、结构化数据类型集成。它们可能已经为内部应用如总账和工资建立了传统信息基础设施，但不会在这上面花费大量的时间和精力。它们几乎只关注大数据，并且这些数据一般是工程或产品开发部门的焦点，而不是 IT 部门的焦点。一些规模较小的创业公司内部甚至没有 IT 部门，它们将 IT 业务外包。

一些来自创业公司和网络公司的大数据经验，源于且类似于硅谷企业的其他 IT 业务和创业的经验。它们包括由 Facebook 创始人马克·扎克伯格普及的指令“快速行动，破除陈规”，以及不要过于担心犯错误。另一条指令是，树立目标要大胆、要敢于冒险，目标内容除了赚很多钱、盈利外还要有具体的目标。Facebook 希望“让人们分享权力，使世界更加开放更互联”。谷歌广为人知的使命是“组织全球信息，使人人皆可访问并从中受益”。然而，虽然它们在商务文书中广为流传，但这些经验和大数据话题关联性不大。因此，我不会对此再加赘述。

创新！实战！

自从大数据创业公司和大型网络公司基于自己的数据和分析发明了“数据产品”的理念后，这些公司就有了许多其他公司可以借鉴的经验。

使用大数据进行产品和服务创新|

我在第 3 章指出，大数据的潜在好处之一是，为客户开发新产品或服务。但在这方面，大多数的实例发生在网络公司和创业公司，如谷歌、领英、

Facebook、亚马逊等。我认为创新是大数据的最高和最佳使用价值，所以其他行业的公司应该效仿硅谷。来自这些公司最重要的经验很可能就是将你的大数据投入放在产品和服务创新上。

当然，如果你的产品是有形商品而不是数据，这就会更加困难。将大数据融入产品中的“常见”方法（虽然很明显它们仍在形成过程中）涉及服务，即获得并分析各种数据，包括顾客如何使用产品、什么时候可能损坏以及如何最高效地提供保养服务。也可以使用大数据告知顾客与产品相关的行为，例如，如何开车更节能。此外，数据也可以嵌入产品当中，例如特斯拉 S 型汽车的车辆数据日志可用于远程监控，发出需要维护的信号，以及让司机知道与其他司机相比它们的里程和性能如何。

数据创新三原则

如果你的主要业务不涉及大数据或相关技术，就很难利用这一经验。但是，如果你的公司是一家不太灵活的大公司，就可以以下面这几种方法开始。一种是为销售数据、见解和技术创建一个单独的业务单元。这就是 1996 年联合健康集团的做法。当时，它创办了 Ingenix（即现在的 Optum），一家基于销售数据、见解和医疗公司软件的公司。这家公司获得了快速发展，并购了许多公司。这家公司现在的年收入超过 250 亿美元。作为联合健康家族的一分子，Optum 已经对一些行业产生了非常有利的作用，比如处于分析和大数据的革命之中的医疗保健行业。

另一种方法是，收购创业公司或规模较小的专门致力于使用和销售大数据的公司。还是在医疗保健行业中，这种方法被胡玛纳（Humana）采用，它于2011年收购了Anvita保健公司。Anvita保健公司为医疗机构提供临床分析服务和软件。最初，胡玛纳是它的客户；现在，胡玛纳正在将Anvita保健公司的产品整合到更广泛的分析技术和大数据功能中。

快速进入大数据行业的第三种方法是合伙。这个例子仍然出自医疗行业，采用这种方法的是山间医疗保健公司（Intermountain Health）。这是一家总部设在盐湖城的医疗保健提供商，拥有22家医院和200家诊所，它凭借分析确定医疗过程建立了声誉。2011年，这家公司以为该公司建立电子健康记录的一位先驱的名字命名，创立了荷马华纳信息研究中心。在2013年，山间医疗保健公司与德勤会计事务所合作，为其他医疗公司提供服务和解决方案。因为山间医疗保健公司拥有40年的数据和来自其电子健康记录的超过两万亿的数据元素，它与德勤会计事务所的合作将帮助其他供应商根据不同的健康状况确定最佳治疗方法。

致力于工具，而非应用

最早的大数据公司不仅开发分析应用、产品和特性，也开发工具。因为对多个商业服务器的大型数据库进行分配的工具根本不存在，所以这些公司必须自行创建。幸运的是，在许多情况下它们也将这些工具提供给其他公司使用。谷歌开发了 MapReduce 框架，并由杰弗里·迪安（Jeffrey Dean）和桑杰·格玛沃特（Sanjay Ghemawat）在 2004 年发表在一篇论文中。Hadoop 则是由雅虎的道格·卡丁(Doug Cutting)和密歇根大学的教授迈克·加法雷拉（Mike Cafarella）研发的。脚本语言 Pig 也是雅虎于 2006 年研发的，而批量处理数据存储语言 Hive 则是 Facebook 开发的。这些公司大多都非常成功，所以没有证据表明，它们的工具开发对它们的业绩造成了损害，雅虎可能是一个例外，不过它似乎正在转危为安。

为什么这些公司要在工具上下功夫呢？因为这是必须的。如果它们想要将处理和分析自身大量实时数据的成本控制在合理的水平，就需要开发新工具。当然，现在还有其他许多可用的大数据工具。那么，公司还需要开发工具吗？也许基础层面的已经不需要，尤其是考虑到许多厂商已经进入了这个领域。可以说，世界不需要另一个新版本的 Hadoop。

然而，仍然需要处理特定类型数据的工具。如果你试图管理来自冰箱的传感器数据，这些数据很可能具有一些独特的特征，而且在数据管理上，可能需要一些特殊的软件来提取和操作。

给数据科学家应有的头衔

大数据创业公司往往赋予了数据科学家很多责任。在某些案例中，如位于海湾地区的奎德，和位于马萨诸塞州坎布里奇的 Recorded Future，CEO 们本身就是数据科学家。在其他情况下，数据科学家在将新的产品和服务推向市场方面肩负着许多责任。在一些大型网络公司，如领英，他们甚至有一条直接通向高管层的通道。

在一个员工成千上万的大公司，这种级别的访问和自治显然更加困难。如果你的公司有这种情况，就要尽力确保由一些高管来负责保证数据科学家们的话语权，以及他们在工作中有所作为。一些公司已经开始在董事会中增加数字导向的管理人员。这一步对帮助公司理解大数据很有意义，但它不太可能给数据科学家提供很多帮助和安慰。

big data 智能商业的未来@work

领英的大数据

领英成立于 2002 年年底，拥有逾 5 亿会员，它已经成为世界各地人商务社交网站的首选。有很多因素导致了领英的成功，但大数据肯定是其中之一。公司的各个团队都有大数据活动，包括数据工程团队、数据产品团队、业务分析团队以及产品数据科学团队。术语“数据科学家”最先是在领英上使用的，这家公司拥有 100 多位数据科学家。

在这本书中，对于领英在开发新产品和特征，如领英技能、“你可能认识的人”“人才匹配”“类似的工作”“你可能会喜欢的团队”等方面的成功应用我提到过不止一次，但是大数据也在这家公司的许多其他领域做出了贡献。领英最近开发了一套新的、统一的搜索功能，例如，它使用大数据来预测用户最有可能感兴趣的内容，并优化现有结果。

此外，领英也将大数据应用到内部流程中，包括销售和营销活动。例如，领英使用了一些内部数据来预测哪些公司将购买领英的产品，乃至在那些公司中哪些人购买的可能性最高。这项工作催生出了一个专为销售人员服务的内部推荐系统，这个系统让他们更容易在一个地方获得数据，并且推动转化率提高了数倍。

领英的联合创始人里德·霍夫曼是一个大数据的坚决拥护者：

因为 Web 2.0（社交网络和网上消费者的参与度高涨）的到来和传感器数量的增加，我们便有了现在所有这些数据、有了这样巨量的高度语义索引的数据，而这些数据能将和我们相关的人、地方以及一切事物联系起来，我相信还会产生大量有趣的应用……与我们的产品和服务构成的方式一样，我们如何确定自己的策略以及保持相较于其他人的竞争优势。如果数据是这些东西的一个非常重要的元素，而你不做任何努力，这就像试图在没有商业智慧和技能的情况下经营企业一样。

解决大数据工作的效率问题

最好的硅谷公司已经发现人类生产力是大数据发展最大的约束，它需要相当大的活动并通过数据科学家提取数据，从它所在的地方，放入一个结构化的格式，以适用于分析并模拟。数据科学家的时间是昂贵的，所以龙头企业，主要是那些数据密集型网络公司，正在采取措施来解决数据科学生产力的问题。

eBay 是最早从事数据科学生产力的公司，通过创造各种各样的工具和方法来加快数据的工作。该公司的管理者创建的虚拟数据市场、数据分析环境不会复制现有的数据，但允许独特的观点和分析，就这样轻松地创建数据集进行分析。数据中心的建立是为了促进共享数据的组织、算法以及见解。Teradata 已经创建了一个名为数据实验室的产品，很大程度上是来源于 eBay 的想法，所以其他公司也可以从事有关生产力的活动。另一个供应商 EMC Greenplum 开发了一套工具，名为 Pivotal Chorus，主要从事数据科学生产力和协作的工作。

领英也在研究数据科学生产力，创造一种环境，使网站进行 A/B 测试，即比较一个网站设计是否比另一个网站吸引更多观看或点击。该公司可以在任何一天进行 2 000 个测试，其分析和解释结果是劳动密集型的。所以领英的数据科学家花了几个月开发程序来分析和报告 A/B 测试的结果。系统模拟数据科学家或分析师将对测试采取相关的措施。在一个测试的 24 小时内，他们知道它对多达 400 个不同指标的影响。

对平民百姓的贡献

许多产品用于数据科学，如 Hadoop、Pig、Hive、Python，它们都是开放源代码，开发公司将其放在了开放源代码社区，特别是 Apache 基金会。有一种强烈的精神使工具广泛用于大数据社区。一组研究人员写道：

> 领英有助于 Voldemort 的分布式存储系统和 10 多个开放源代码的项目。“正是有我们的贡献和他们的贡献，才有代码的推进。”领英的业务高级副总裁戴维·亨克（David Henke）说道。

另一位领英的数据科学家告诉我：

> 我们正专注于一些数据库以增强社交图谱数据库。完成之后，它们将开放源代码。有一些 IP（知识产权）的考虑，但总体上领英坚决要建立开放源代码框架，因为我们会从中受益。

毋庸置疑，这个启示可能会走得更远。所有我提到的企业有一些大数据资产。然而，由于每个企业都受益于开放源代码软件，事实上，几乎所有的企业都应该努力回馈。

请记住：“敏捷”太慢了

一家波士顿医疗业大数据创业公司 Kyruus 首席执行官格雷厄姆·加德纳对我说：“我们尝试‘敏捷’（一种快速地进行系统开发和项目管理的方法），但这太慢了。Kyruus 几乎每天介绍新版本的数据和软件。”我在 2012 年采访了大约30个数据科学家，结果表明，几乎所有的人都是没有耐心的快速行动者。大数据领域取得了如此迅速的进步的原因之一是其实践者的不耐烦。

当然，不耐烦有一个缺点，即公司很可能会过快把它们的产品和服务投入市场，这在硅谷犹如一枚荣誉勋章。领英创始人和风险投资家霍夫曼这样评论说："如果你不因自己的第一个版本而感到尴尬，你发行得就太迟了！"但它会导致有很多有缺陷的产品。这也意味着，如果数据科学家觉得无法迅速完成任务，他们就必须加快脚步。

线上医院，投资新风口

Kyruus关注的是关于医生的大数据，该公司由既是风险资本家又是医生的格雷厄姆·加德纳和技术开发经理朱莉·约（Juily Yoo）于2010年成立。它为医院、保险公司、制药公司提供数据，以帮助它们更好地理解医生网络。它的目标是成为"各位医生信息的Bloomberg"。

Kyruus开始收集来自各种数据源的数据，包括人力资源数据库、医师资格审查sys－显微镜、患者电子病历和供应链数据库等超过1 000个公共商业来源。公司有几个替代来源的潜在收入来自销售这些数据，而且是最引人注目的。它涉及跟踪"泄漏"医院的医疗网络之外的病人转诊。加德纳解释了控制泄漏的重要性："一些大型卫生系统报告有超过 50% 是从医院网络泄漏的，而一流组织的泄漏率低于 20%。如果我们只改变几个百分点的泄漏率，亏本运营的系统可能变得有利可图。"

Kyruus 结构分成三个组成部分：数据采集、集成和加工；分析；应用程序和用户界面。该公司的数据平台包括显示和分析数据功能。

利用免费和廉价的资源 |

从遥远的过去来看，10 年前的成本计算、数据管理和数据分析是大数据的主要障碍。然而今天，创业公司和网络公司大量使用廉价和免费资源。云是其中之一，像亚马逊这样的公司的弹性计算云或 Amazon EC2、谷歌的计算引擎以及微软的 Windows Azure，以非常低的成本提供计算资源或者至少与过去相关的资本支出。这吸引的投资者往往是有限的创业公司。云计算也有其他好处。创业公司 Recorded Future 的创始人兼 CEO 克里斯托弗·艾尔博格解释了灵活性的好处："我们使用的云计算实际上是相当昂贵的。但是，从一个架构到另一个架构的转换成本大幅下降，或许下降了一两个数量级，所以无论如何，这对于一家创业公司来说都是一个重大突破。"

我已经提到，创业公司和网络公司，除了让其专有软件开放源代码，也广泛使用开源软件。他们不仅使用如 Hadoop、Pig 和 Hive 之类的数据管理工具，而且也使用R之类的开源数据统计软件。正如一位数据科学家对我说的："它是免费的，从学校毕业的每个人都知道并想要使用它。这是显而易见的事实。"

大数据开源计算的主要缺点是，当公司考虑专业资源的成本如数据科学家劳动力时，可能有更便宜的解决方案，我就此询问过分析软件公司SAS的营销主管吉姆·戴维斯（Jim Davis），他考虑的是来自统计软件R的竞争，他说：

> 我们非常不明白。我们大部分产品是专业的解决方案，可以切实地帮到客户，比如减少银行业的信用卡诈骗或优化旅游收入。当客户发现已经有他们所需要的解决方案时，就不想在统计软件R中亲自操作了。

总的来说，我还没有看到任何迹象表明，不同规模的公司计算出了大数据技术的总拥有成本（Total Cost of Ownership, TCO）。如果公司计算出了抑或当它们计算时，开源工具的吸引力可能会有所降低。

大规模的实验 |

大数据最强大的分析方法之一是，可以进行一系列随机的、可控的实验，这些实验可以在网络公司和创业公司的网站上完成。这种类型的分析之所以强大，是因为它是建立因果关系的唯一方法。我已经提到过领英A/B测试，这是一项涉及运行两个不同版本的web页面的技术，随机将客户分配给每一个页面，然后观察整个页面上的客户行为是否有统计上的显著差异。

谷歌和 eBay 也在广泛使用测试。据谷歌的首席经济学家哈尔·瓦里安（Hal Varian）估算，谷歌每年大约会进行一万次测试，其中一半关乎搜索，一半关乎广告相关的特性。eBay 也许是我曾经遇到的最热衷于测试的公司，它不仅非常广泛地做 A/B 测试和网站设计的测试，而且也进行了大量的离线测试，包括实验室研究、家访、参与式设计会议、小组讨论以及网站特色权衡分析，所有这一切测试都是与客户一起完成的。eBay 除了进行日志研究，也进行定量的视觉设计研究和眼球追踪研究，以观察用户对潜在变化的感受。

网络公司正在探究两个关键的测试方向，一个方向涉及开发自动化测试过程的工具，正如领英所做的。以 eBay 为例，该公司建立了实验平台，它会引导测试人员通过整个实验过程跟踪要测试的内容、时间以及所在页面。领英也有类似的功能。外部供应商，如 Optimizely，也为网站的 A/B 测试提供一些功能；一家名为应用预测技术管理的公司提供离线测试软件。

另一个关键方向超越由 A/B 测试导致的渐进式创新。通常，A 站和 B 站的 A/B 测试会稍有不同；如果你一次只改变一件事，就不可能知道什么是有效的。但像 eBay 和领英这样的公司都有办法在一次涉及多个变化的网站上做出更大的改变。更戏剧性的变化导致更多戏剧性的结果。例如，领英可以一次对一个页面进行 20 多个独立的更改。一个变化可能会使点击率提高 2%；另一个变化可能导致 5% 的减少。如果你把其中的 20 个组合起来，整体的提升可能会高达25%。

培养密切的合作

当我在2012年采访网络公司和创业公司的高级数据科学家时，我提的其中一个问题就是，他们的组织是如何收集所有必要的数据科学技能的。他们中许多人发现，很难在一个单一的个体上找到所有必需的技能，但团队可以。他们还认为，团队成员必须紧密合作。当我问及他们是如何做到的时，例如，他们是否使用了在线协作工具。他们总是这样回答我：必要的合作很容易，因为所有的人都在同一间屋子里。很多人也利用编程马拉松来创建编程，实现突破，这也通常发生在一间屋子里。

在一个只有几个员工的小型创业公司，对同一个问题展开大规模的讨论相对容易发生，但在大公司却很难。众所周知，谷歌试图在大型组织中培养面对面协作文化，其主要通过如下几点来实现：

- 至少两人一个隔间；
- 提供免费而又高质量的工作餐来吸引员工；
- 提供到公司的免费交通；
- 在公司提供发言机会和讨论会；
- 为非正式"聚会"提供多种空间。

来自谷歌的雅虎CEO玛丽莎·梅耶尔（Marissa Mayer）发现，雅虎大量的员工在家工作，这令她非常不高兴。她迅速而颇受争议地取消了在家工作政策，坚持让员工返回公司。她在宣布新政策时解释说：**面对面互动可以形成一种更具协作性的文化**。梅耶尔还实行食堂免费提供食物的政策以及其他一些来自谷歌的政策。

具有讽刺意味的是，这些大数据公司希望通过直接交互来协作而不是通过数字通信的模式，不过，面对面互动的确发挥了很大的作用。相距甚远的组织显然需要找到其他方式来促进协作，但无论如何，目标最重要。

硅谷、波士顿和其他大型数据中心的网络公司、创业公司都是大数据创新的源泉，这是件好事。希望这些经验能够被更大、更传统的企业吸收。然而，仍有一些未充分汲取经验的事例，以及创业公司和网络公司在大数据的世界里无可避免之事，这是下一节的主题。

成功之路上的 4 大阻碍

尽管大多数创业公司和网络公司的大数据经验非常有用，但却并不总是正确的。在某些情况下，它们提供的经验只是不应该做什么，这些负面的经验可能不会导致它们的失败，但也不适用于所有企业。通过这些经验，创业公司很可能更难有成功的可能。

不与客户分享数据 |

一个更敏感的问题是，客户对数据或来自自己在线活动数据的可见度是多少。聪明的公司将这些数据提供给客户，让他们为建设性的目的使用它。

下面这个例子可以帮你更好地理解客户对公司提供的产品和服务的使用情况。

大多数网络公司不是很擅长让你知道他们有哪些关于你的数据，或为实现你自己的目的与你分享这些数据。Facebook 和谷歌总是因客户信息缺乏透明度而与客户、媒体和政府监管机构发生冲突。谷歌会给你一些你自己的搜索历史和你使用谷歌其他产品的信息，它还将用户信息提供给政府。但是有很多客户不知道。

大公司在与客户分享数据方面已经是最先进的了，虽然对每一个人来说，这只是早期阶段。例如，圣迭戈气电公司（San Diego Gas & Electric）通过其“绿色按钮”项目，提供长达 13 个月的用电量数据，以便客户进行想要的分析，减少客户的消费。欧洲移动通信公司 Orange 有自己的数据隐私政策，并计划让客户自己控制其使用的数据。

为数据本身而收集数据

一些创业公司和富有的网络公司如亚马逊、谷歌为了自身利益收集数据，它们相信最终会找到数据的用武之地。谷歌几乎会收集每一条关于客户和其行为的数据，不管收集是否合理，收集还未加密的无线网络数据的谷歌街景地图项目便是一个突出的例子。这些公司有足够的资源，它们可以没有目的地收集数据，这些数据可能会给它带来更大的成功，如果它们提前思考数据收集的目的的话。

其他大数据领域的创业公司的起步始于一个数据池，它们不明确应该用这些数据做什么，Kyruus公司就是其中之一（见前面的案例研究），Recorded Future是另一个例子。这对创业公司来说不是什么问题，然而，因为它们通常面临来自投资者的压力，所以在初期阶段会屈从于一种商业模式。不过，这两家公司很快发现了它们的产品和商业模式的重点。

big data 智能商业的未来@ work

大数据在Recorded Future

Recorded Future创始人克里斯托弗·阿尔伯格之前还是可视化分析公司Spotfire的创始人时，他对将可视化分析和其他形式的分析用于外部信息，以及从描述性分析转变到预测性分析的可能性很感兴趣。对阿尔伯格和Recorded Future以及其他许多大数据创业公司来说，没有比互联网本身更明显的外部信息源。

在2009年，阿尔伯格与他在Spotfire公司的联合创始人在瑞典开发了一个“时序分析引擎”，这是一个可以帮助分析师预测未来的一套定量和可视化分析工具。Recorded Future为了分析，从互联网大量进行拷贝，包括数以万计的网站、博客和Twitter账号，总共收录了超过80亿的事件和实体，以及它们带有的属性，例如，网页可能会提到具体的人、地点和活动，可以用来匹配特定的事件或实体。

使用云计算，该公司的分析工具不仅可以计算事件和预测，还能分析输入源，找出具有一定相关性的文档和页面之间的“无形联系”。分析的目的是为了更好地了解潜在的事件和实体，确定事件讨论的动力或者趋势以及预测它们发生的时间。和 Spotfire 公司一样，可视化表示可以描述过去、现在和将来的网络和时序模式。

Recorded Future 为客户提供了两个基本产品。对于那些需要软件来分析内部数据的组织，主要是政府的情报机构，它提供了具有语言处理和对事件、实体和时间的评分功能的 Foresite 平台。网络数据本身就是第二个主要产品，它们可被清洗、索引，可以对重要条目分类。情报部门使用该公司的分析工具，对包括恐怖主义、技术发展和政治动荡在内的趋势与预测进行分析。私营部门的客户则包括企业的安全部门、对冲基金，以及希望跟踪与分析客户、竞争对手和市场情报的公司。

正如我在第 3 章所说的，通过筛选一大堆数据以找出其中可能有的金元宝并不犯罪，这也是很合理的。然而，漫无目的地筛选，可能非常昂贵和费时。在数据收集之前，甚至在分析之前，心中有个假设会好很多。

专注于大数据的创业公司的另一个例子来自总部位于波士顿的

Operating Analytics 公司，它使用数据和分析帮助医院优化手术室的利用。手术室是一种昂贵的资源，但其利用率在医院内部及医院之间差别很大，甚至在有的医院可能不到 50%。优化手术室的使用涉及复杂的分析，包括房间以及里面的设备、病人、医生和助手的可用性，以及诸如病人待的时间长短和再入院率等变量。这种分析医院很难自己完成，一个更好的解决方案将很容易为医院带来可观的收入。虽然 Operating Analytics 公司仍然处于探索阶段，但我认为，一个有着明确业务问题和客户群的集中的解决方法，总是可以战胜在大数据中遇到的困难。

夸夸其谈说技术 |

大数据产业，尤其是位于硅谷的大数据技术销售商以及其他类型的公司，都太迷恋技术。无论其内部讨论内容和资料，还是这些组织提供的外部市场资料，都具有高度的技术性，非技术人员很难理解。

有许多这样的公司的网站滥用技术术语。一些销售“SQL-on-Hadoop”的网站，很少甚至没有解释它是什么意思或者它为什么重要。一家提供“Hadoop: Beyond Batch with Apache YARN”的网站，同样没有关于 YARN 的目的介绍，但是很显然它是“Hadoop 2.0”的基础。部分原因可能是因为 Apache 基金会发布的开源项目的令人费解的命名，如 Apache Hadoop、Apache Flume、Apache HBase、Apache Mahout、Apache Oozie、Apache Zookeeper 等。我已经关注大数据好几年了，从来没听说过 Apache Oozie 或者 Apaceh YARN，非技术业务管理者又怎么会理解这些术语呢?

即使是 IBM，其在多年前开创了以业务为导向的数据处理讨论，有时也会屈服于技术语言。例如，在“Hadoop 是什么”这一最高级别的段落中，一则篇短的文本包含这样一条声明：“这些集群的弹性来自应用程序层软件检测和处理故障的能力，而非依靠高端硬件。”

有时候，使用技术语言是有必要的，但在这种情况下应该有大量定义性的材料。然而大多数情况下，当我们讨论大数据时，我们应该谈利益、投资回报率、机会和风险。正如 IBM 在销售其他形式的信息技术方面的经验一样，大数据供应商也应该去汲取它。

大数据宣传言过其实

大数据一直很盛行，风险投资家现在也开始屈从于大数据的“淘金热”，疯狂地竞相投资该领域的创业公司。有人估计在 2013 年 3 月，仅 40 家大数据创业公司的风投就达到 12 亿美元。资金的浮动让大企业家有些慌乱。以前从事分析或者软件业务的公司现在都开始了大数据业务。最糟的是，管理者急于推向市场，承诺提供超出他们能力的产品，结果导致客户往往不满意。

当然，这不是通往长期成功的道路。大数据的活动是重要而且持久的，它会发展，也可能多次改变名字。重要的是要明确地定位市场，满足客户的需求。正如前计算机科学教授、大数据公司 Vivisimo（被 IBM 收购）的创始人劳夫·瓦尔德 - 佩雷兹（Raul Valders-Perez）指出的：“我们使用阻塞和抢断策略做出好的产品，公平地对待客户和潜在客户，优先招聘有技巧的员工，并通过精心挑选的公共演示和 PR 突出我们的技术。”

当然大数据产业仍然处于起步阶段。这些错误判断可能仅仅是经验不足或不成熟的结果。这个产业成功和失败的因素会随着时间演变。然而，前面已有几代以技术为基础的企业，很显然，不管是什么技术，忽视好的管理实践都是有问题的。

从创业公司和网络公司学习大数据经验

- 你是否在一定程度上建立了数据和分析方面的业务模式和产品/服务？
- 你是否在工具开发方面投入了数据科学相关的资源，并且最终使得工具开发的成果能为开源社区所用？
- 你是否赋予了你的数据科学家高度的自主权和责任感？
- 你想提高自己数据科学工作的生产力吗？
- 你加速过分析和洞察的进程吗？
- 你的公司有广泛的实验的文化和过程吗？
- 你是否培养了自己公司的分析师和数据科学家之间的协作，使其成为业务合作伙伴？
- 你是否避免了创业公司常见的错误，即不把数据提供给客户、为收集数据而收集数据、过多谈论技术、过度关注大数据炒作？

08

big data @ work

从分析2.0到分析3.0，大企业的颠覆性变革

如我在第 7 章中所述，互联网和创业公司中那些吃大数据这只螃蟹的企业，从一开始就是围绕大数据创办的公司。因此，它们不需要将大数据与更传统的数据资源和分析方法进行协调和整合，因为这些传统模式本来就不存在。同样，它们也不需要费尽力气将大数据技术融入传统的 IT 基础架构中，因为这些基础架构也不存在。因此，大数据分析是数据分析的唯一焦点，且大数据技术架构是唯一的架构。

然而，设想一下发展完善、市场地位较高的大企业，在这些大企业中不应将大数据与其他形式的数据分离，而应将它与随之而来的其他数据融为一体。大数据分析必须与其他形式的数据分析共存。如 Hadoop 集群不得不与 IBM 的主机一起运作。再如数据科学家也必须与定量分析师及数据库管理者一起工作。

为了证实这种共存关系，在2013年的第一季度，我和数据分析公司SAS的吉尔·戴奇（Jill Dyché）就大数据如何与大企业的全部数据及分析环境相适应的问题，采访了20家大企业。总的来说，它们之间确实是共存的关系。没有一家企业将大数据与其他类型的数据分开管理，因此也就没有专门的大数据部门。事实上，这种整合将生成一种在分析学上新的管理视角，我们称之为分析3.0。在本章，我将集中描述大企业是怎么看待大数据的，反之企业的架构和技术又对大数据有什么要求，并以描述分析3.0时代作为本书的结尾。

如何革新

或许对于创业公司和互联网公司来说大数据是新的。但对许多大企业来说，它们着手处理大数据已经有一段时间了。一些管理者很看好大数据的创新之处，然而随后发现，大数据并未给他们的业务带来实质性的改变，或者只是朝着更多的数据不断演进而已。多年以来，管理者就一直在给他们的系统和模块增加新的数据形式，却丝毫没看到大数据带来的革新。换言之，在大数据变大之前，许多企业都在对其紧追不舍。

大企业的这些管理者看重大数据的，并不是它的大，而是其中的两个方面，一是大数据的非结构化，二是大数据涉及的科技成本低。这与大数据咨询公司New Vantage partners调查的50家大企业的结论是一致的，调查发现：

> 大数据关乎种类而非数量。企业关心各种各样的数据，而非数据量本身。不管在今天还是三年后，大数据创新的最重要目标和潜在回报是能分析多样的数字资源和新数据形式，而不是处理非常大的数据集合。

长期处理大量数据的企业开始热衷于处理新型数据，这些新型数据包括：音频、文本、日志文件、图像和视频数据。例如，一家零售银行正首次通过分析日志文件（这比贸然进入核心交易系统容易得多）来理解其多渠道客户间的交互情况。一家酒店正在用视频分析客户排队等候的情况；一家健康保险公司能对由电话服务中心提供的音频转文档数据进行很好的分析，来预测客户的不满之处。总之，通过结合非结构化数据和结构化数据，这些公司掌握了客户和业务运作的更全面的信息。

企业对于从传感器和数据处理设备处收集的更多结构化数据的使用还会不断推进，尽管可能不会像现在这样发展迅猛。像通用电气公司、UPS 物流公司和施耐德物流公司这样的企业正逐步把传感器运用到移动或旋转的事物上，捕获结果数据以更好地优化其业务。即使获得的是极小的益处，如果形成了大规模也可获得大回报。如前所述，通用电气公司使用高效的燃气轮机节省了 660 亿美元，另外该公司还估计，使用飞机引擎上的大数据能够在接下来的 15 年内为商业航空业减少 1% 的燃料消耗，即节省 300 亿美元。UPS 物流公司也通过更好的车辆路径，节省了可观的资金。

big data 智能商业的未来@work

从数据到价值，UPS 物流公司的大数据创新

UPS 物流公司对大数据并不陌生，早在 19 世纪 80 年代，该公司就开始捕获和跟踪大量包裹的移动和交易。该公司现在每天为 880 万客户追踪 1 630 万个包裹的相关数据，每天平均收到 3 950 万客户的跟踪请求。该公司存储了超过 16 PB 的数据。

UPS 物流公司最近获得的大数据大部分来自超过 46 000 辆汽车的远程信息处理传感器。UPS 物流公司包裹运送车辆（卡车）的数据包括车辆的速度、方向以及与制动和驱动系统的性能相关的数据。这些数据不仅用于监控车辆的日常性能，而且还用于帮助司机重新设计驾驶路线。为此设计的系统行车整合优化和导航系统（ORION），据说是世界上最大的行动研究项目。这个系统也在很大程度上依赖于在线地图数据，根据这些数据，系统会实时重置司机的接送时间。到 2011 年为止，这个系统通过缩减了 1.3 亿公里的行程，已经节省了 840 万加仑的燃料。UPS 物流公司预计，每个司机每天少行驶近两公里，公司将节省 3 000 万美元，所以整个资金节省是可观的。该公司还试图使用数据和分析来提高日常的 2 000 架航班的效率。

大公司的大数据目标

如我在第 3 章中所提及的，大数据不仅能够大幅缩减成本，减少执行计算任务的所需时间，还能够开发新产品、提供新服务。像传统的数据分析，大数据还可以支持内部业务决策。大数据背后的技术和理念可以使企业实现各种目标，但我们采访的大多数大型企业都集中在一两个目标上。已选中的目标很有意义，企业不仅从大数据中获得了成果和经济利益，而且在整个过程中，大数据促成了非常适合企业的创新，并指导管理者如何管理项目。

在我们采访的企业中，只有少数企业将重点放在降低成本上。银行便是一例，如第 3 章中所述，它们使用 Hadoop 集群接替曾在各种各样的其他平台上进行的计算任务，都是出于成本的考量。无论如何，这是一个不错的目的。但我认为，它还应该和其他涉及额外收入或利润的目标相结合。

在第 3 章中，我还讨论了大数据技术的第二大目标，即减少时间，并描述了梅西百货和 Amadeus 公司如何使用大数据技术来缩短时间周期，以减少商品重新定价和旅游预订系统的响应时间。**缩减时间的一个关键目标是，利用分析和来自客户体验的数据，与客户进行实时互动。**如果客户“离开了大楼”，有针对性的供给和服务有可能要有效得多。这意味着要快速地捕获、聚合、处理和分析数据。一个追求这种类型利益的公司是凯撒娱乐集团。凯撒娱乐集团一直以来都是数据分析方面的领头羊，特别是在客户忠诚度分析以及营销和服务等领域上。今天，它用一些大数据技术和技能来完善这些传统分析能力。探索和实现大数据工具的主要目标是实时响应客户的营销和服务动作。

例如，该公司从其总奖励忠诚计划、网络点击量和老虎机的实时播放等方面获得了客户的数据。所有这些数据源一般用来了解客户，但很难整合并实时运用，因为当时客户仍在玩老虎机或仍在度假胜地。凯撒娱乐集团通过对其忠诚度项目的分析发现，如果新顾客在玩老虎机时运气差，很有可能永远不会再回来了。但是，如果公司可以承诺给运气差的客户一份免费午餐的优惠券，他们很有可能会再次回到赌场。关键是在这些客户离开老虎机并厌恶他们的霉运之前，实时分析并提供好处。

为了追求这一目标以及其他涉及决策速度的目标，凯撒娱乐集团已经购买了 Hadoop 集群、开放源代码和商业分析软件。它还新招纳了一些数据科学家到分析组。

对于其他大数据的性能。凯撒娱乐集团也倾注了极大的关注，当然，它也特别关注通过人工观察，确保本公司最忠诚的顾客立即享受服务。该公司采用大数据分析工具分析视频，使用更加自动化的方法来发现不常光顾的客户的服务问题。它也开始分析移动数据，并尝试为移动设备提供定向的实时服务。

正如传统的、较小的数据分析功能一样，大数据也可以用来支持或改善内部业务决策。当有新的、缺少结构的数据源时，可以利用大数据分析来支持决策。例如，任何可以揭示客户满意度的数据对做决策都是有帮助的，但大多来自客户的交互数据是未结构化的。我在第 3 章提到几个大型银行正在使用大数据了解多渠道客户的关系，目的是确定哪些客户不再光顾或者哪些可能只回应特定的促销类型。

big data 智能商业的未来@ work

智慧医疗，联合健康保险公司的选择

正如我在第三章提到的，联合健康保险公司正使用自然语言处理系统（NLP）以更好地理解客户满意度。它开始通过将客户在呼叫中心的语音通话记录转换为文本，从中寻找客户不满意的地方。

为了分析这些文本数据，联合健康保险公司使用了各种工具。最初数据通过 Hadoop 和 NoSQL 进入“数据湖”，（这意味着数据库不只使用 SQL，查询和摘录信息的标准也来自相关数据库）存储和提取信息，需要的前期数据操作更少一些。NLP 主要指“奇异值分解”，或者修改字数，这需要在数据库设备中进行。调查和测试其他各种技术用来评估他们的健康在“未来状态”的架构。联合健康保险公司也利用其分析工具和 Hadoop 集群的交界面。

把客户满意度数据，还有很多其他的客户数据资源放入数据库并分析，这项工作是由金融组织发起。然而，更多的联合健康保险公司的功能和单元，其中包括它的子公司 Optum 实验室（专门销售数据和相关服务到医疗机构）也正参与其中。团队既包括传统定量分析师，也包括有丰富IT知识和管理技能的数据科学家。

联合健康保险公司还通过Optum实验室与合作伙伴梅奥诊所竞逐各种各样的大数据分析项目。它是把从梅奥诊所和其他医疗组织提供者的电子医疗记录与来自联合健康保险公司的索赔数据相结合，来分析的疾病的发展和治疗。

运用最有效方法的公司，最有可能成功

就像技术架构，大公司的大数据组织结构和技能在不断的演进并与现有的结构整合，而不是重新建立。我们采访的企业中都没有为大数据建立一个完全独立的部门；然而，现有的分析或技术部门已把大数据的功能添加到了它们的任务中。一些公司没有用大数据标注任何组织结构与技能的变化，却宣称它们多年来一直在分析大量的数据。其他公司只是说它们正添加数据科学功能到其现有的投资组合中。

最可能加入或应用大数据技术的组织结构有：现有的分析组织，包括以“管理运筹学”为重点的组织，如在UPS物流公司和施耐德物流公司；在IT公司内部的创新或架构团队，如，USAA保险公司和宝洁公司研究和开发分析团队，如通用电气公司。在许多情况下，这些核心服务组织对把分析功能和商业单位与大数据结合起来，如，银行或零售商的在线业务。

其中一些商业单位有自己的IT或分析团队。运用最有效方法的公司最有可能成功，这与大数据商业团队的支持密不可分。

在技能方面，大多数大公司正在或正设法招纳新的数据科学家到现有的分析团队，与传统定量分析师相比，它们现有的分析团队拥有更高层次的IT技能和大数据技术的操作能力。技术既包括自然语言处理又包括文本挖掘技术，既包括视频分析又包括图像分析，还包括可视分析。许多数据科学家也能够在脚本语言中编码，如Python，Pig和Hive。就背景而言，一些人在科学领域拥有博士学位，而一些人只是能力很强又同时具有分析技能的程序员。我们的许多受访者质疑数据科学家是否拥有所有必需的技能。正因为如此，公司正采取团队的方式来集结他们。

big data 智能商业的未来@ work

梅西百货的数据化之路

梅西百货虽然被认为是巨大零售网络下的一个小商店，但它却以50%的年增长率增长，在同行业中遥遥领先。该公司的管理非常注重和了解IT、数据和分析决策。像其他网络零售商一样，梅西百货也特别注重以顾客为中心的数据分析应用，涉及个性化的应用程序、目标广告、电子邮件以及搜索引擎的优化。在梅西百货的数据分析系统中，由“消费者洞察”团队解决这些问题，不过它也有一个“业务洞察”团队，主要集中在支持和评估营销日历的活动；还有一个数据科学团队从事更尖端的定量技术，包括数据挖掘、市场营销、实验设计。

梅西百货利用的各种前沿的大数据技术，其中大部分还未普及。它们包括开源工具如Hadoop、R和Impala，以及购买软件如SAS、IBM DB2、Vertica和Tablean。分析项目越来越多地融合了传统的数据管理和分析技术，也融入了一些大数据工具。分析团队采用了机器学习和传统的假设数据统计相结合的方法。

梅西百货数据处理团队首席执行官克雷姆·托马克（Kerem Tomak）说：**“重要的是不要去追求大数据本身，不要为了追求大数据而追求大数据。**我们都是受利益驱使的，我们只投资能帮我们解决商业问题的技术。”在未来，梅西百货和其他系统以及其客户数据的整合必将是一个趋势。

从事数据分析工作的人员所要具备的一项关键技能是，为高管解释大数据的结果，无论是以视觉展示的方式或口头叙述的方式。一些受访的数据科学家说，他们多数需要“用数据说话”，并与决策者实现良好的协调。我们采访的几位公司代表指出，他们的分析人员也需要花相当长的时间来改变管理问题。将规范的分析模型嵌入关键的操作流程，需要有人与一线员工和流程所有者带来需要改变的角色、流程设计和技能。

毫无疑问，管理大量爆炸式的非标准的数据需要的技能、流程和工具将变得越来越重要。然而，在大多数情况下，我们采访的公司对数据科学人才的紧迫感大大低于我们遇到的创业公司。然而，对于一些公司来说，人才短缺开始把公司变得千疮百孔。

在我们采访的大公司中，招聘数据科学家最活跃的是通用电气公司，该公司的目标是招聘约 400 名数据科学家。目前，它已经聘请了或从公司其他部门调入了大约一半。虽然通用电气公司在招募数据科学家方面取得了不小的成功，同时也创建了一个内部开发的培训项目，但是它偶尔还是会遇到挑战，因为招聘到熟悉其工业产品特定数据如涡轮传感器数据的数据科学家并不容易。

有几家公司还提到，需要将数据科学家的技能与传统数据管理的优点结合起来。对于将大数据作为长期战略优势的公司来说，坚实的数据架构知识、元数据、数据质量和校正过程、数据管理和管理仪表板、主数据管理中心、匹配算法以及其他数据的特定主题有着举足轻重的意义。

无论管理大数据的组织结构如何，精通数据的领导团队是必要的。2011 年，一份被广泛阅读的关于大数据的麦肯锡报告指出，公司的“数据驱动心态”是公司大数据价值的关键指标。该报告指出，基于事实做决策的企业文化（而不是直觉）是大数据潜在价值的重要指标。该报告还认为，仅在美国就有超过 150 万的人需要精通数据，领导其公司的大数据计划。

但有效的管理者在领导公司时已经推导出，大数据如何为他们的公司创造价值，并利用大数据的成功来证明自己的努力。例如他们使用失误的决策或错误开始建立可信的商业案例并稳固公司计划和部署策略。麦肯锡的研究指出，“许多开创性的公司已经使用大数据来创造价值，以及探索其他需要的价值”。

我们采访的高管是后一种人，他们说服领导层和员工，指出大数据不仅是有价值的，而且是物超所值的。许多人不仅对大数据和数据分析负责，而且对其他功能也负责。

big data 智能商业的未来@work

电子银行

鉴于美国银行雄厚的资产（2012 年超过 2.2 万亿美元）和客户基础（5 200 万个人消费者和小企业），它在许多年前就应用了大数据业务。今天，美国银行在大数据上关注的重点是集成客户和集成组织结构的方法。它将大数据分为三类：大事务数据、有关客户的数据和非结构化数据。其中，该银行主要强调的是前两类。

关于客户大量数据横跨多个渠道和关系群体，美国银行无法立刻分析所有的客户，而是依靠系统的样本。大数据技术越来越多地从所有的客户群出发处理和分析数据。

除了一些实验分析非结构化数据，美国银行在大数据方面努力的主要目标是了解所有渠道和交互的客户，当为确定的良好的客户群体提供有吸引力的产品。一个名为“BankAmeriDeals”的新程序在分析银行的信用卡和借记卡持有人过去支付地点的基础上，提供返还现金的服务。还有一个目的是尽量了解客户的本质，以及客户对多种分销渠道包括网络、呼叫中心、交互和零售分支的满意度。

美国银行一直在雇用大量的定量分析师，但在大数据时代，他们已被整合和重组，矩阵式报告线既会用到中央分析团队，又会用到业务功能和单位。例如，由定量分析师和数据科学家组成的客户银行业务分析团队向客户营销和电子银行业务的总监阿迪亚·巴辛（Aditya Bhasin）报告。从此，巴辛的团队与业务线管理人员的合作比以往任何时候都更紧密。

不断进化，大数据的价值命题

在写这一章时，我与很多大公司的高管谈论了大数据，他们都认为大数据是一组进化的能力，随着时间的流逝会有新的不可预期的应用。不过，每一个高管都承认，如果仅为学术活动之用，他们无法为大数据买单。**大数据需要驱动价值，而且要趁早。**对一些如花旗集团一样的企业来说，大数据技术不得不通过快速降低成本的方式来谋求一条出路。如果将大数据仅仅作为一个崭新的管理对象，那大数据对这些公司也就没有多大用处了。

花旗集团的动态服务

花旗集团在它的许多竞争对手入行之前，就一直是数据驱动的金融服务公司。花旗集团建立于1812年，是一家总部在纽约的银行，如今它在160个国家都有分支，为2亿消费者和集团客户提供服务。其公司业务覆盖越广泛，大数据在其战略中的作用就越大。

该公司数据的主题、集成、质量、日益增长的数量会伴随着管理和竞争。2010年，该公司设立了一个首席数据办公室。此后不久，该公司将数据上传到Hadoop并开始通过使用大数据技术来重构计算大量数据，实现转换。Hadoop应用主要关注于成本降低的问题之上。

花旗集团的计划包括利用大数据改善对客户关系和行为的理解。在客户方面，该公司正在建立所谓的“白色标签卡”和商业卡之间的关系，来检测潜在的信用风险。在业务方面，该公司可以查看高价值的交易数据，并创建自定义客户供应链或对比商业交易对手方调整融资结构。低成本、高性能的Hadoop基础设施也使花旗集团能够在不受地域限制的情况下，动态地为客户的移动设备部署有针对性的数字服务。

投资回报

在大数据初创公司和网络公司，大数据最初的成功基本上都是商业模式的成功，因此很少有公司来单独分析大数据的回报，也很少有大公司采取措施来严格量化大数据的投资回报率。事实上，证据显示，大数据经常超越代表节约成本或收入的硬美元。这表明，高级管理层长期将赌注押在大数据上。我们对几位高管的采访证实了这一点。

大数据的投资回报率显示出了巨大的前景。我在第 3 章提到了一家公司成本降低的数据，它证实了这一前景。

另一个案例是，2011 年，一个开源知识分享社区 Wikibon 发表了一个案例研究，对比了两个分析环境的财务回报。在第一个分析环境中，高速数据仓库设备采用传统的提取、转换和加载（ETL）方法和数据准备过程。在第二个环境中，大数据运行依靠一个更新的大数据技术，使用大规模并行处理（MPP）的硬件和 Hadoop。

如图 8-1 所示的项目通过一系列措施支持 MPP / Hadoop 的大数据环境，包括加速价值实现的时间（在安装后立即就显示出价值）、累计净现金流和内部收益率。（这样的结果引起 Wikibon 社区的讨论：“你的数据库是一只恐龙吗？”）**数据库不会变得过时，而是传统数据库最终将与新兴大数据解决方案和平共存，两者都在公司分析生态系统中发挥特有的作用。**

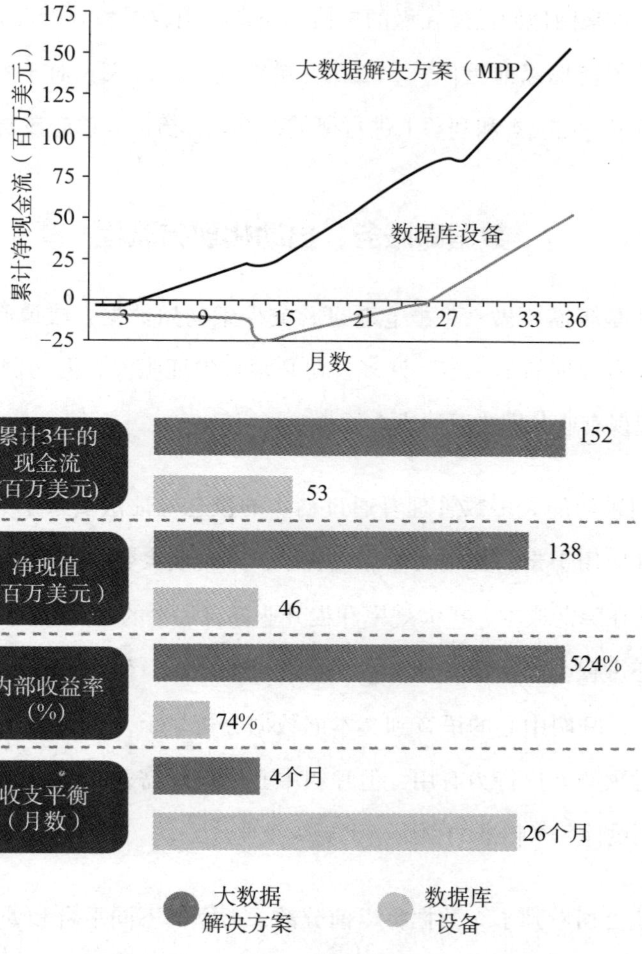

图 8-1　大数据的投资回报

事实上，早期采用大数据的企业管理人员不会说他们借大数据节约了多少钱，也不会说他们因此赚了多少钱。我们的受访者描述了两种实现大数据回报的办法。一种是利用大数据首次实现新的业务功能。另一种是用数据和分析来做他们已经在做的事情，通常是用数据和分析帮助制定决策，利用大数据能比以前更便宜、更快、更好地制定决策。对于大数据项目，这些公司很少在成本和利益上进行衡量，不过，衡量利益应该要容易一些。

数据即服务，自动化现有流程

企业是否需要做一个概念验证，或探索初始数据，或说服高管投资，作为倡导大数据的第一步，许多公司必须首先证明大数据的价值，这意味着要实现现有业务模式下的成本效益或规模经济。

我们采访的大多数管理者通过初步的概念验证法引入了大数据技术，通过将其应用于当前繁琐的业务流程中，来说明大数据解决方案具备的高性能以及在降低成本、扩大规模和提升业务流程上的优势。在一些情况下，概念验证过程会显示出其他一些需要改进的流程。例如，在美国一家主流航空公司，呼叫中心的语音到文本的数据分析显示，客户与呼叫中心的互动可能对预测客户行为有用，但呼叫中心的流程需要做出一些基本性的改变，这比设计一个精准的预测模型更为重要。

其他公司看到了大数据将以前分散、孤立的不同平台和处理功能组合到一起的巨大潜力。我采访的高管对于大数据在单个平台上组合、分析、探索、保护和恢复数据的能力大感意外。因此，大数据免去了将传统系统集中在一起所需的复杂的编程和专业技能。不过，这些高管也不指望在当下就能实现这些。有些企业，如西尔斯控股公司正在为实现“数据即服务”

投入大量资金，以使大数据分析成为整个企业的常态。

新型的大数据技术作为提升、改善现有流程的方式已经被很好地认可，因此企业内部对于新大数据技术的应用更容易达成共识。一位银行副总裁解释说："与开始使用新大数据技术相比，我的首席执行官更支持改善目前已经发觉的见效缓慢或者无效的策略。他不在乎我们的竞争对手是否在使用大数据，他关心的是他们可以通过做出更快的决策来获得更多的市场份额。"

智能商业的未来 big data @ work

大数据驱动下的新零售

对于数据技术的采用，西尔斯控股公司领先大多数零售商好多年，在20世纪80年代，当大多数零售商仍然依赖手工更新电子表格来检查他们的销售数据时，西尔斯控股公司就开始使用企业数据库了。如今，该公司使用大数据技术加速整合了许多拍字节的客户、产品、销售和与数据相关的活动，以了解如何提高营销回报和使客户回头再次消费。零售商不仅使用Hadoop存储数据，而且用其转换数据和整合异构数据，其速度比以往更快，也更有效。

"我们正在大量投资实时数据采集，"西尔斯控股公司信息分析与创新副总裁奥利弗·拉茨伯格（Oliver Ratzesberger）在接受采访时说道，"不再有ETL，大数据技术使建立不久仍处于潜伏期的资源的利用变得更容易了。”该公司现在利用开源项目 Apache Kafka and Storm 来实现数据的实时处理。“我们的目标是能够衡量发生了什么事。”该公司的首席技术官皮尔·谢利（Pill Shelley）说，他已经离职并创办了自己的大数据公司。该公司还利用大数据将一组复杂的营销活动的发布从 8 周减到 1 周，不过这种时效性的极大提高还在实现的过程中。对零售商来说，更迅速且更有针对性的销售活动只是大数据能为其做的事情的冰山一角。西尔斯控股公司最近成立了一家子公司，名为 MetaScale，为非零售商提供大数据云服务。

拉茨伯格说：“我们正在引进开放源代码方案和改变应用程序的结构。我们正在创建一个框架，未来，我们可以在这个框架内使用任何应用程序。”

相比于传统的分析方法，大数据更容易衡量新流程的改善效果，所以它可以量化更快的产品上市时间量化，更高的营销投资回报率，或是量化更少的病人再次入院，这一切会使投资回报率的量化变得更加简单。

要想了解大数据在大公司中的角色，关键的一点是要理解数据分析的历史背景和大数据的简要历史。表 8-1 描述了三个时期数据分析的趋势。

表 8-1 分析的三个时代

	分析 1.0	分析 2.0	分析 3.0
公司类型	大企业	互联网和创业企业	“数字经济”
分析目标	内部决策	新产品	决策和产品
数据类型	小，结构化	大，非结构化	所有类型相结合
生成方式	长周期的批处理	短周期的敏捷开发	短周期的敏捷开发
主要技术	软件包	开放源代码	广泛的投资组合
主要分析形式	描述性的	描述性的	规定性的
业务关系	后台型	桥梁型	合作型

数据就是资产

就算是提倡大变革的企业高管也将他们的目光放在大数据分析有望带来的强大新技能上。大数据最大的一个特点是，它比以往任何技术趋势都更吸引企业高管的目光。就在很短的时间内，那些老总级别的高管都开始为大数据项目投入人力和物力，并在董事会上大呼“数据就是资产”。

大数据的新应用通常是针对特定行业的。想一想汽车保险公司的远程信息处理数据、医疗保健中的生命特征或者制造业中的射频识别标签（RFID），你就能够理解这句话的意思了。所有这些数据都难以捕获和运用，更不用说有意义地使用了。最近的一项调查发现，41% 的受访者（占比最大）回应说，没有一个运用大数据的策略。占比第二大的受访者认为，“运作和处理”是大数据项目的重点领域。

显然，大多数公司还没有超越旨在发掘大数据全方位商业潜力的初期项目阶段。它们仍处于早期阶段，基础问题仍然未被解决：大数据的最佳挖掘者是人还是机器？对我们来说，最重要的数据是我们的客户数据还是业务数据？新的数据可以带来新的见解还是就是把现有的假设确认一遍？大多数大公司正在从现有流程的自动化开始推出大数据项目，希望能带动实现更多的企业战略价值。在大多数情况下，这种价值只有旁观者才能看到。

分析 3.0 的崛起

数据分析并不是一个新概念。数据分析工具自 20 世纪 50 年代中期就已经开始用于业务处理。可以肯定的是，最近数据分析这个话题引起了爆炸性的讨论，但在前半个世纪的运用中，数据分析在大多数企业中的运用方式并没有大的改变。我们会把最初的时代称为分析 1.0 时代。这个时期延续了 55 年，从 1954 年（UPS 物流公司率先在美国成立第一家数据分析队团）到约 2005 年。分析 1.0 时代具备以下特性：

- 数据源相对较小，并且是结构化的，它是来自内部渠道的资源。
- 数据在分析前必须存储在企业数据库或数据中心。
- 数据分析活动的绝大多数是描述性分析或报告。
- 创建分析模型是一个“批处理”的过程，通常需要好几个月。
- 把定量分析师从商界人士和办公室决策中隔离开来。
- 很少有企业在分析上竞争，因为对大多数企业来说，策略中的数据分析很边缘化。

数据科学首次真正得到学术界的重视是在 2001 年左右，当时普渡大学的统计学家威廉·克利夫兰（William S. Cleveland）发表了一篇论文为数据科学领域摇旗呐喊，在接下来的两年里，出现了两本与数据科学相关的期刊。2003 年前后，商业领域开始注意到大数据。我们不妨将 21 世纪初期看作分析 2.0 时代的开端。分析 2.0 时代以网络公司开始利用在线数据为起始，这些公司有谷歌、雅虎、eBay 等“数字经济”的最早采用者。大数据和数据分析不仅为内部决策提供借鉴，而且成为面向客户的产品和流程的基础。然而，当时大企业往往局限于分析内部数据，如高度结构化且很少结合其他数据的客户或产品数据。换句话说，事实上，当时的大企业在大多数情况下采用的是分析 1.0。

在分析 2.0 时代中，大数据分析是作为一个独立的实体，这与分析 1.0 时代在许多方面截然不同。在分析 2.0 时代中，数据通常来源于外部，大数据意即数据量非常大或者是非结构化的。快速的数据流意味着数据必须迅速存储和处理，这往往是基于运用 Hadoop 的大规模并行服务器。在分析 2.0 时代中，分析的总体速度快得多。预测性分析和规范性分析技术常常让位于视觉分析，这是一种描述性分析。新一代的定量分析师被称为数据科学家，并且他们中的许多人不满足于默默无闻，他们想要开发新产品、新服务，帮助塑造企业形象，发挥自己的所长。

当然，大数据仍然是一个受欢迎的概念，有人可能会认为我们仍然处在分析 2.0 时代。然而，从我们的研究来看，有相当多的证据显示，大企业正在进入分析 3.0 时代，这是一个从本质上不同于分析 1.0 或 2.0 的时代。

分析 3.0 时代是一种环境，它结合了分析 1.0 时代和 2.0 时代的长处，即结合了大数据和传统数据分析，以快速、广泛地生成新见解和新产品。虽然现在还处于这个新模型的早期，但分析 3.0 时代的特点已经显现出来。最重要的是，不仅是网络公司，几乎各行各业的任何公司都可以参与到大数据驱动的经济中来。银行、工业制造商、医疗保健服务商、零售商、电信公司等，来自任何行业的任何公司只要有意挖掘大数据分析带来的可能性，就能够为客户开发基于数据的产品以及利用大数据支撑内部决策。

基于分析 3.0 的企业所具备的其他特征将在下文中进一步描述。

big data 智能商业的未来@ work

精准营销，分析 3.0 时代的必然

威瑞森无线通信公司是威瑞森电信公司（Verizon Communications Inc.）和沃达丰集团（Vodaphone Group）的合资公司，它和其他无线运营商一样，都拥有大量的客户活动信息。所有的手机都以无线电信号的方式传送它们的地理位置，精确到 10 米以内，而所有运营商能够捕获到这些信息。然而现在，在一个名为“精准营销洞察”（Precision Market Insights）的部门，威瑞森无线通信公司正在销售有关移动电话用户出现在特定地点的频率以及与用户的活动和背景相关的数据，该部门的客户目前已包括商场、体育场和广告公司等。

针对 NBA 菲尼克斯太阳队，“精准营销洞察”部门可以为其提供以下信息：

- 哪里的人观看球队的比赛直播或者哪里的人不观看，以便定向投放球队的广告。
- 到现场观看球赛的人，有多少是从外地来的。据一份月调研报告显示，这一数据约有 22%。
- 现场观看者的特点是，其最有可能是年龄介于 25~54 岁，家庭收入超过 5 万美元，并且有父母在家帮着带孩子。
- 观众多久会观看一次凤凰城地区的棒球春训，据调查这一数据约为 13%。
- 在一场关系到菲尼克斯太阳队晋级比赛的开场之前 24 小时内，附近某家连锁快餐店的人流增长率，据调查约有 8.4%。

这些信息对菲尼克斯太阳队来说，价值可能非常明显，菲尼克斯太阳队的经理就曾评论说：“这是每个人都想要的信息，只是直到现在我们才有机会获得这些信息。”

统一使用多种数据类型 |

企业结合大数据和小数据、内部数据和外部数据，以及结构化的和非结构化的数据，在预测和规范模型上产生新见解。通常情况下，数据源的增加是渐进的，而不是大跨步式跃进。例如，汽车运输公司施耐德物流公司为其物流优化算法逐渐地增加利用新传感器收集的数据，这些传感器监控着关键指标，以更好地改善公司的业务流程和降低运营成本。

big data 智能商业的未来@ work

数据化物流时代已经到来

美国施耐德物流公司是北美最大的货运、物流和联运服务提供商之一，几十年来一直致力于各种形式的分析优化。那么在过去的几年中，是什么改变了施耐德物流公司的业务呢？那就是能够用于卡车、拖车、联运集装箱上的廉价传感器，这些传感器能够监控车辆的位置、司机的驾驶行为、车辆的燃料水平以及拖车或者集装箱的荷载情况。虽然施耐德物流公司在过去5年多已经在使用一个新的技术平台，但是公司管理者并未在大数据和更传统的数据类型之间划分楚河汉界。不过，施耐德物流公司利用传感器数据在卡车和集装箱的调度等方面制定出了更优的决策，大幅提升了决策水平，而且它们正在使用规范性数据分析改变员工角色和关系。

新型传感器的可用度不断得到提升，例如，施耐德物流公司开始使用的油位传感器，可以根据油箱还剩多少燃料、卡车的目的地一路上燃料的价格，确定司机停车加油的最佳位置，帮助优化加油。过去，这些数据都是由司机手动输入的，但是传感器数据能做到更准确。

安全是施耐德物流公司的核心价值。驱动传感器可以采集与驾驶风险相关的、以仪表盘为基础的安全指标数据。例如，如果一辆卡车出现大力制动，传感器会捕获这个信息然后传送到总部，引发司机和领导之间的讨论。施耐德物流公司正在试行一种方法，即将传感器数据以及其他因素导入一个模型中，用于预测哪位驾驶员更有可能出现安全问题，然后预测分析模型会给出一个分数，这样公司就能预先和那些可能遭遇安全事故的驾驶员进行沟通，以减少安全事故的发生频率。

迅速得多的技术和方法

大数据技术包括各种各样的硬件或软件架构，包括使用 Hadoop 或 MapReduce 的集群并行服务器、专用的大数据设备、内存中的数据分析以及数据库内处理等。所有这些技术都比前几代用于数据管理和分析的技术更快，在过去可能需要花费几个小时或几天的分析，现在可以在几秒内完成。为了补充这些更快的技术，新的敏捷的甚至是更快的分析方法和机器学习技术被采用，以更快的速度产生新见解。像敏捷系统的开发一样，这些分析方法需要不断地把项目各阶段的成果呈现给项目的利益相关方，像优秀的数据科学家工作时一样，应该时刻保持紧迫感。我们面临的挑战在于，如何让运营与决策过程习惯于充分利用新技术和新方法带来的好处。

集成和嵌入模型

在分析 3.0 时代，分析模型通常是嵌入在操作和决策流程当中，而为了与分析和数据处理的速度提升保持一致，分析模型的分析速度和影响力也会大幅提升。我在第 6 章有关希思罗机场的案例分析中谈论过这一现象，不过这种分析速度和影响力的提升并非个别情况，它在很多公司当中都存在。例如，在宝洁，在两个主要的决策环境之中包含了一组“业务效率模型”，即在 7 个重要领域中管理企业所需的所有信息。其中一个决策环境被称为决策驾驶舱（Decision Cockpit），它存在于宝洁内部超过 5 万台电脑上；另一个决策环境被称为业务领域（Business Sphere），用于宝洁的决策制定管理，它的特点是在一间满是大屏幕的房间里进行可视化分析。业务领域存在于宝洁全球超过 50 个办公场所中。在其他公司，模型嵌入在基于评分算法或分析法则的全自动化系统中，其中一些模型建立在面向消费者的产品和功能之上。无论何时，将分析嵌入系统和流程中不仅意味着速度更快，也意味着决策者更加无法在制定决策时绕开数据分析。当然，通常情况下，这是一件好事。

新的混合技术环境

很明显，分析 3.0 时代涉及新技术的架构，不过，它是容易理解的新型工具的混合。大型组织现有的技术环境还存在，正如我调研过的一些公司，它们还在很好地利用基于 IBM 大型机的关系数据库。不过，大数据技术能实现更大的用途，如商品服务器集群上的 Hadoop、云技术（私人和公共）

以及开源软件。新技术环境最显著的变化是，试图在数据可以评估和分析前消除单调乏味的ETL步骤。这一目标通过实时通信与如Apache Kafka和Storm等实时计算工具实现。

针对消除ETL步骤，现在正在进行研究的方法就是建立一个基于数据挖掘技术的新的发现平台。企业数据库最初用于开发和分析，但它们已经成为许多公司的数据存储库，而将数据存储进去需要进行昂贵且耗时的ETL工作。因此，需要一个新的平台，便于数据的发现。

这些变化的结果是，IT架构师在数据管理中必须更频繁地做出选择，且选择的复杂程度大幅提升，而且每家公司最终都将处在一个过渡环境中。旧的格式虽然还没有消失，但是新程序的开发变得十分必要，因为通过开发新程序，数据和分析的焦点将跨越筹划、评估、探索和生产应用阶段。

数据科学／分析／IT团队|

在网络公司和大数据初创公司中，数据科学家往往能够做到个人包办，或者至少说是有相当大的独立性，然而在相对传统的大公司，他们必须与很多同事一起合作。在许多情况下，大公司的“数据科学家”很可能充当的是传统定量分析师的角色，他们被迫浪费一些时间去做数据管理工作，数据管理可算不上什么新事物。擅长提取和结构化数据的数据黑客正在与擅长建模的传统定量分析师一起工作。当然，这两个团队的工作开展都必须基于IT，它提供大数据、数据分析的基础设施、沙箱，或是数据发现环境，在这些环境中，这两个团队可以探索数据并且将探索性分析成果转化为生产力。现在，数据科学家和传统定量分析师常相互协作，完成分析所需完成的一切工作，而他们的角色常常多有重叠之处。

首席分析官或等级相当的职位｜

对于公司来说，针对每种不同类型的数据都设立一名管理者是没有多大意义的，所以很多公司开始设立首席分析官或与此等级相当的职位，以监督数据分析能力的培养。如我在第 6 章所提及的，美国国际集团雇用了长久以来的分析学领军人物穆利·布勒斯瓦出任公司的首席科学官。该公司的员工致力于传统保险问题，如分析定价优化，并与麻省理工学院的研究人员在大数据项目上开展合作。在分析 3.0 时代，布勒斯瓦是新型领导者的代表。其他组织，包括 FICO、匹兹堡大学医学中心（University of Pittsburgh Medical Center, UPMC）、奥巴马连任竞选活动以及美国汽车协会联合服务银行（USAA），都有小有名气的首席分析官。

规范性分析的更广泛应用｜

一直存在着三种类型的分析：报道过去的描述性分析，使用基于过去数据的模型来预测未来的预测性分析，以及使用模型来指定最优行为规范性分析。分析 3.0 涵盖了这三种分析类型，但更加注重规范性分析。这些分析模型涉及大规模的测试和优化，它们是把分析嵌入关键流程和员工行为中的一种手段。它们为企业提供高水平的运营收益，但更重视高品质的策划和执行。

规范性分析也可以改变一线员工的角色以及他们与上司之间的关系，正如在施耐德物流公司和UPS物流公司一样。如果计算机和分析能告诉你如何开车，下一步去哪里，在哪里停车，指出你停车停得太急，或者说你逆向左拐了，那你的工作思维方式就与以前截然不同了。当然，数据和分析最好都是正确的，否则将很难恢复最初的信任。

分析3.0，更大的机遇

尽管大数据的出现只有10多年时间，但是大数据的特征属性导致大数据开创了一个新的时代。从我的研究中，你能够清楚地看到，来自各行各业的大型企业都在融入数据经济并利用大数据制定更好、更快的决策，实现成本缩减，以及为客户提供基于数据的新产品和新服务。当然，企业并非将传统数据分析和大数据区分开来，而是将两者合二为一形成新的综合体，即大数据分析。分析3.0的某些方面以及数据和数据分析在大企业的运用毫无疑问将继续出现，但企业现在需要开始过渡到新的分析模式。这意味着企业在技能、领导力、组织结构、技术和架构上要做出改变。这也许是自20世纪80年代以来，我们为了从数据中挖掘价值所经历过的最彻底的改变。

如我在第1章中所述，大数据的主要价值不是来自原始格式的数据，无论数据量有多大，而是来自数据的处理和分析以及基于分析得到的见解、新产品和新服务。大数据技术和管理方法所发生的翻天覆地的变化，需要大数据在支撑决策以及产品和服务创新的方式上做出巨大改变。毫无疑问，数据分析可以改变企业，而最先抓住分析 3.0 所带来的机遇的企业将获得最大的价值。

big
data
数据化转型路线图@
work

分析3.0时代，大数据在大企业中的应用

- 你有基于数据和数据分析的创新性产品和服务吗？
- 你是否将大量的非结构化数据添加到了公司正在分析和从中受益的数据组合中？
- 你打算将分析嵌入关键的运营和决策流程中吗？
- 你开始使用数据分析让管理层和员工知道如何更好地完成手头的工作了吗？
- 你将新的大数据技术整合到公司的数据库和分析技术架构中了吗？
- 你的公司吸引到了同时具备分析和计算机科学技能的新员工了吗？
- 你曾提拔负责数据分析和大数据工作的主管为公司高管了吗？

致谢

如果我足够聪明，本书中的一切智慧都来自我一人，那该是一件何等骄傲的事情，不过，事实并非如此。所以我不得不借鉴一些正在利用大数据做事情的人们的智慧，他们非常友善地与我分享了他们宝贵的经验和独到的见解，所以我非常感谢他们。本书的每个故事背后都藏着这样一位友善、大方的人，而如你们所将见到的，书中分享了很多故事。

我也很感谢软件公司 SAS 的朋友们，我书中大量关于分析的研究都是由他们赞助完成的。本书中介绍了由他们赞助的两项研究的相关成果。迈克·布赖特（Mike Bright）是我在 SAS 公司的主要联系人，而斯科特·范瓦肯伯格（Scott VanValkenburg）是让我在 SAS 公司第一次联系的人。经过近 10 年的合作，他们都成了我的好朋友及顾问。我也要感谢 SAS 公司的其他人，包括肯·布兰克（Ken Blank）、吉姆·戴维斯（Jim Davis）、卡尔·法雷尔（Carl Farrell）、吉姆·古德奈特（Jim Goodnight）、德布·奥尔顿（Deb Orton）、阿黛尔·斯维特伍德（Adele Sweetwood）以及许许多多未能一一提及的 SAS 公司的朋友。

本书中还有一些研究是我在国际分析研究所（International Institute for Analytics）的帮助下完成的，而国际分析研究所是我与杰克·菲利普斯（Jack Phillips）共同创建的。

因此，我非常感谢国际分析研究所的杰克（Jack）、凯瑟琳·布西（Katherine Busey）、莎拉·盖茨（Sarah Gates）、卡莉·尤丝（Callie Youssi）和其他所有帮助过我的人。我已经担任德勤分析（Deloitte Analytics）的高级顾问有几年时间了，简·格里芬（Jane Griffin）给了我很多的支持和帮助。我还要感谢德勤分析的福里斯特·丹森（Forrest Danson）、温迪·德霍夫（Wendy DeHoef）、凯利·尼尔森（Kelly Nelson）、吉姆·菲利普斯（Tim Phillipps）、弗雷德·罗夫曼（Fred Roffman）和其余所有帮助过我的人，他们一直在给予我莫大的支持。德勤分析的马库斯·欣格勒斯（Marcus Shingles）带头实行了一个关于美国食品杂货制造商协会（The Grocery Manufacturers Association）的大数据研究项目，这个项目我也参与其中，项目中的一些想法无疑也在这本书中有所体现。

最后，我在写这本书的时候开始了一个关于数据发现的研究项目，本书介绍了该项目的研究情况。这项研究获得了 Teradata Aster 的支持，而我也要衷心地感谢塔索·阿吉罗斯（Tasso Argyros）和玛丽·格罗斯（Mary Gros）让我了解他们的客户和产品功能。

我还同时在其他一些公司和组织担任顾问或附属研究员，从中学到很多东西。它们包括（按字母顺序排列）：First Analytics、MarketShare、Medidata Solutions、斯坦福大学数字商务中心（MIT Center for Digital Business），Mu Sigma、Real Impact、Signals Intelligence Group、Via Science。我和所有这些

组织都说过，我主要是去学习的，他们也乐于与我分享。

还要感谢哈佛商业评论出版社的朋友，是他们的努力让这本书真正从想法变成现实。梅琳达·梅里诺（Melinda Merino）曾经帮我编辑过几本书，这一次一如以往，她依然是一个很棒的合作伙伴。虽然我记得不是特别清楚了，但是写这本书的想法应该是她提出来的。当然，在我写这本书的过程中，她给了很多很好的建议，让这本书的内容更引人入胜。

过去出版的几本书中，我一直忘记感谢我在出版社的出版人朱莉·德沃尔（Julie Devoll）。通常，在我写致谢的时候，是不会知道谁会帮我出版作品的，但是这本书，朱莉向我保证，她一定会竭尽所能为我提供出版服务。所以，读者朋友能听到或读到这本书，都要感谢朱莉。

上一本《人机共生》和这本书的原版封面设计都深得我心，这要感谢史蒂夫尼·芬克斯（Stephani Finks）的出色工作。我也要感谢该书营销团队的负责人特雷西·威廉姆斯（Tracy Williams）及他的团队；感谢艾莉森·彼得（Allison Peter）非常熟练、流畅地处理了编辑和美工工作；还要感谢《哈佛商业评论》的老朋友兼编辑茱莉娅·柯尔比（Julia Kirby），我发表在《哈佛商业评论》上的关于大数据的文章，通常是由她编辑的使我能够更清晰地表达自己的观点；还要感谢我的妻子乔迪·达文波特（Jodi Davenport）在我还未真正开始玩转大数据的时候，就一直敦促我写一本关于大数据的著作；还要感谢我的儿子海斯（Hayes）和蔡斯（Chase）都对大数据表现出了一定的兴趣，海斯对娱乐行业的大数据有兴趣，而蔡斯对教育方面的大数据感兴趣。在此，我还要衷心地感谢所有人的建议和付出。

我写过的书的数量比我的家庭成员还要多，但是我还是要再次将我的著作献给我的家人。我曾将《数据分析竞争法》(*Competing on Analytics*)一书献给我的婆婆海伦·库比克（Helen Kubik），不仅是因为她会比其他任何人都享受这种献给，同时也因为这本书实现了大卖。所以海伦，这本书还是献给你的，就请您再次发挥您的魔力吧！

未来，属于终身学习者

我这辈子遇到的聪明人（来自各行各业的聪明人）没有不每天阅读的——没有，一个都没有。巴菲特读书之多，我读书之多，可能会让你感到吃惊。孩子们都笑话我。他们觉得我是一本长了两条腿的书。

——查理·芒格

互联网改变了信息连接的方式；指数型技术在迅速颠覆着现有的商业世界；人工智能已经开始抢占人类的工作岗位……

未来，到底需要什么样的人才？

改变命运唯一的策略是你要变成终身学习者。未来世界将不再需要单一的技能型人才，而是需要具备完善的知识结构、极强逻辑思考力和高感知力的复合型人才。优秀的人往往通过阅读建立足够强大的抽象思维能力，获得异于众人的思考和整合能力。未来，将属于终身学习者！而阅读必定和终身学习形影不离。

很多人读书，追求的是干货，寻求的是立刻行之有效的解决方案。其实这是一种留在舒适区的阅读方法。在这个充满不确定性的年代，答案不会简单地出现在书里，因为生活根本就没有标准确切的答案，你也不能期望过去的经验能解决未来的问题。

湛庐阅读APP：与最聪明的人共同进化

有人常常把成本支出的焦点放在书价上，把读完一本书当做阅读的终结。其实不然。

时间是读者付出的最大阅读成本
怎么读是读者面临的最大阅读障碍
“读书破万卷”不仅仅在“万”，更重要的是在“破”！

现在，我们构建了全新的“湛庐阅读”APP。它将成为你“破万卷”的新居所。在这里：

- 不用考虑读什么，你可以便捷找到纸书、有声书和各种声音产品；
- 你可以学会怎么读，你将发现集泛读、通读、精读于一体的阅读解决方案；
- 你会与作者、译者、专家、推荐人和阅读教练相遇，他们是优质思想的发源地；
- 你会与优秀的读者和终身学习者为伍，他们对阅读和学习有着持久的热情和源源不绝的内驱力。

从单一到复合，从知道到精通，从理解到创造，湛庐希望建立一个“与最聪明的人共同进化”的社区，成为人类先进思想交汇的聚集地，共同迎接未来。

与此同时，我们希望能够重新定义你的学习场景，让你随时随地收获有内容、有价值的思想，通过阅读实现终身学习。这是我们的使命和价值。

湛庐阅读APP玩转指南

湛庐阅读APP结构图：

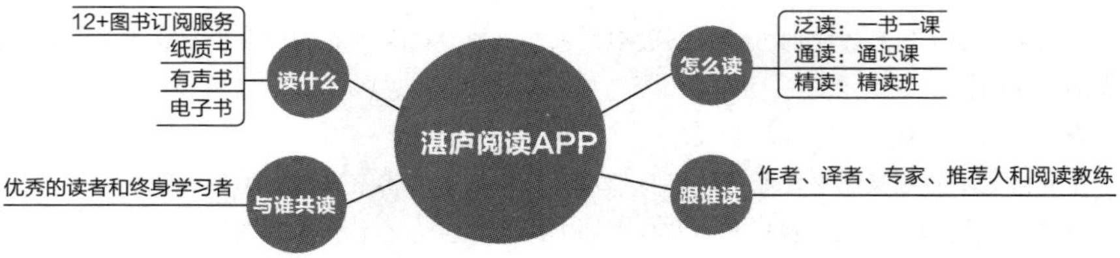

三步玩转湛庐阅读APP：

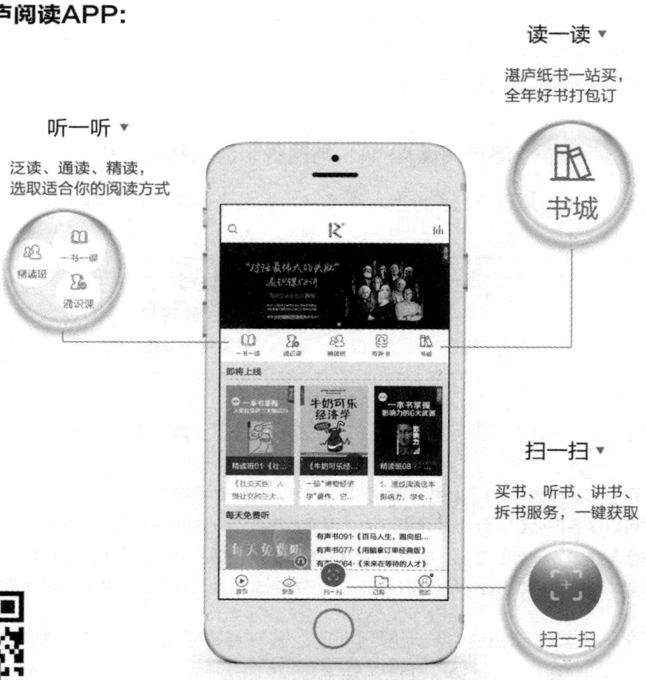

APP获取方式：
安卓用户前往各大应用市场、苹果用户前往APP Store
直接下载“湛庐阅读”APP，与最聪明的人共同进化！

使用APP扫一扫功能，
遇见书里书外更大的世界！

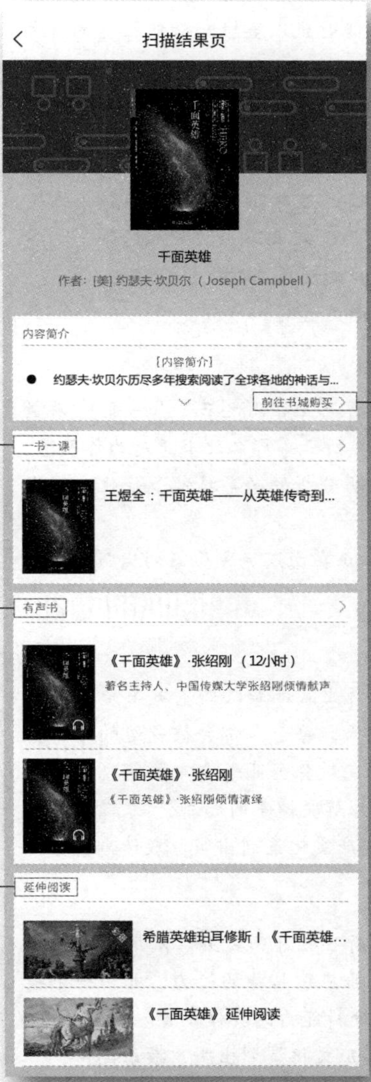

快速了解本书内容，
湛庐千册图书一键购买！

大咖优质课、
献声朗读全本一键了解，
为你读书、讲书、拆书！

你想知道的彩蛋
和本书更多知识、资讯，
尽在延伸阅读！

湛庐文化 Cheers Publishing
a mindstyle business 与思想有关

延伸阅读

《人机共生》

使用“湛庐阅读”APP，
“扫一扫” 获取本书更多精彩内容
ISBN 978-7-213-08452-2
9 787213 084522 >

◎ 托马斯·达文波特智能商业五部曲之一。智能时代振奋人心之作，独家揭秘智能时代人类胜出智能机器的5大策略。

◎《金融时报》年度十佳商业图书、麦肯锡CEO年度书单。

《数据化转型》

使用“湛庐阅读”APP，
“扫一扫” 获取本书更多精彩内容
ISBN 978-7-213-08456-0
9 787213 084560 >

◎ 托马斯·达文波特智能商业五部曲之二。本书是一本宝贵的商业实战指南，展示了未来商业的智能场景，为各行各业的大数据实现真正的利益变现提供帮助。

◎《福布斯》《金融时报》鼎力盛赞。

《未来人人都是分析师》

◎ 托马斯·达文波特智能商业五部曲之三。如果你一看数字和统计就头疼、不知其所云，那么此书正是为你而做，它会让你快速地掌握数据分析的必备技能，强化分析思维，在竞争中领先群伦。

◎《未来人人都是分析师》正在由湛庐文化策划出版，敬请期待！

《数据化决策》

◎ 托马斯·达文波特智能商业五部曲之四。本书是一本实用决策指南，在网络时代，每个人都会被身边的各种数据包围或困扰，本书旨在教会企业或个人如何利用身边的数据做出正确的决策，解决棘手问题。

◎《数据化决策》正在由湛庐文化策划出版，敬请期待！

《数据化变革》

◎ 托马斯·达文波特智能商业五部曲之五。本书旨在揭示未来以数据为导向的企业应该具备的能力，并用一个模型来阐述企业构建数据分析能力的具体步骤。

◎《数据化变革》正在由湛庐文化策划出版，敬请期待！

Big data at work: dispelling the myths, uncovering the opportunities / Thomas H. Davenport.

图书在版编目（CIP）数据

数据化转型 /（美）达文波特著；盛杨灿译 . —杭州：浙江人民出版社，2018.1

ISBN 978-7-213-08456-0

Ⅰ . ①数…　Ⅱ . ①达…　②盛…　Ⅲ . ①企业管理—数据管理—研究　Ⅳ . ① F272.7

中国版本图书馆 CIP 数据核字（2017）第 304474 号

浙江省版权局
著作权合同登记章
图字:11-2017-306号

上架指导：经济管理 / 智能商业

数据化转型

［美］托马斯·达文波特　著
盛杨灿　译

出版发行：浙江人民出版社（杭州体育场路 347 号　邮编　310006）
市场部电话：（0571）85061682　85176516
集团网址：浙江出版联合集团　http://www.zjcb.com
责任编辑：蔡玲平　尚婧
责任校对：姚建国
印　　刷：石家庄继文印刷有限公司
开　　本：720mm × 965mm 1/16　　**印　　张**：15.5
字　　数：160 千字　　**插　　页**：5
版　　次：2018 年 1 月第 1 版　　**印　　次**：2018 年 1 月第 1 次印刷
书　　号：ISBN 978-7-213-08456-0
定　　价：69.90 元

如发现印装质量问题，影响阅读，请与市场部联系调换。